中国旅游发展年度报告书系
Annual Development Report of China's Tourism

中国休闲发展年度报告 2023

ANNUAL REPORT OF CHINA LEISURE DEVELOPMENT 2023

中国旅游研究院 著

北京·旅游教育出版社

图书在版编目（CIP）数据

中国休闲发展年度报告. 2023 / 中国旅游研究院著. -- 北京：旅游教育出版社，2023.12
ISBN 978-7-5637-4634-7

Ⅰ.①中… Ⅱ.①中… Ⅲ.①闲暇社会学－研究报告－中国－2023 Ⅳ.①D669.3

中国国家版本馆CIP数据核字(2023)第244247号

中国休闲发展年度报告2023
中国旅游研究院　著

责任编辑	郭珍宏
出版单位	旅游教育出版社
地　　址	北京市朝阳区定福庄南里1号
邮　　编	100024
发行电话	（010）65778403　65728372　65767462（传真）
本社网址	www.tepcb.com
E-mail	tepfx@163.com
排版单位	北京旅教文化传播有限公司
印刷单位	北京中科印刷有限公司
经销单位	新华书店
开　　本	787毫米×1092毫米　1/16
印　　张	6.5
字　　数	84千字
版　　次	2023年12月第1版
印　　次	2023年12月第1次印刷
定　　价	55.00元

（图书如有装订差错请与发行部联系）

感谢巅峰智业  对本报告的大力支持!

《中国休闲发展年度报告2023》
编辑委员会

主　　　任　戴　斌
副　主　任　李仲广　唐晓云
编　　　委（按姓氏音序排列）
　　　　　　戴　斌　何琼峰　李仲广　马仪亮　宋子千
　　　　　　唐晓云　吴丰林　吴　普　杨宏浩　杨劲松

《中国休闲发展年度报告2023》
编辑部

主　　编：吴丰林　中国旅游研究院规划与休闲研究所所长、
　　　　　　　　　博士
编辑部成员：（按姓氏音序排序）
　　　　　　程卫进　郭　娜　黄　璜　姜乃源　李　惠
　　　　　　李　雪　刘家齐　吴丰林　袁佳欣　翟慧敏

目 录
CONTENTS

一、不一样的烟火——重新出发的国民休闲 …………………………… 1
  （一）休闲的新转折与新起点 ………………………………………… 1
  （二）休闲观念与休闲态度的变化 …………………………………… 3
  （三）休闲行为与休闲效益的变化 …………………………………… 8
  （四）休闲服务供给与休闲产业的变化 ……………………………… 16

二、时间都去哪儿了——休闲时间 ……………………………………… 24
  （一）国民休闲时间总体特征 ………………………………………… 24
  （二）不同属性城镇居民休闲时间特征 ……………………………… 34
  （三）不同属性农村居民休闲时间特征 ……………………………… 43
  （四）不同属性退休居民休闲时间特征 ……………………………… 47

三、诗有多近，远方有多远——休闲空间 ……………………………… 49
  （一）国民休闲空间总体特征 ………………………………………… 49
  （二）不同属性城镇居民休闲空间特征 ……………………………… 53
  （三）不同属性农村居民休闲空间特征 ……………………………… 57
  （四）不同属性退休居民休闲空间特征 ……………………………… 60

四、都在玩儿什么——休闲内容 ………………………………………… 62
  （一）国民休闲内容总体特征 ………………………………………… 62
  （二）不同属性城镇居民休闲内容特征 ……………………………… 77
  （三）不同属性农村居民休闲内容特征 ……………………………… 83
  （四）不同属性退休居民休闲内容特征 ……………………………… 85

五、为了更高品质的国民休闲 ……………………………………………… 88
    （一）培育全民休闲理念，提高人民生活质量 ……………………… 88
    （二）深化供给侧改革，提升公共服务效能 ………………………… 89
    （三）丰富休闲产品体系，扩大居民休闲消费 ……………………… 91
    （四）完善制度保障体系，确保国民休闲权利 ……………………… 92

一、不一样的烟火——重新出发的国民休闲

（一）休闲的新转折与新起点

2023年是中国实施新冠肺炎"乙类乙管"政策后的第一年，旅游休闲市场加速回暖，供需互促。一方面，休闲需求加速释放。国民积压了三年对休闲的渴望得到急剧释放。另一方面，休闲供给不断升级。市场在历经三年的重构后，提供了更为多元和创新的产品。在消费端的需求集聚释放和供给端的市场不断优化下，我国休闲迎来了新的转折。

从消费端来看，国民休闲需求得到有效释放，旅游行业复苏势头强劲有力。据中国旅游研究院（文化和旅游部数据中心）专项调查数据，2023年春节假期全国国内旅游出游3.1亿人次，同比增长23.1%。实现国内旅游收入3758.4亿元，同比增长30%。五一劳动节假期，全国国内旅游出游2.7亿人次，同比增长70.8%，按可比口径恢复至疫情前同期的119.1%；实现国内旅游收入1480.6亿元，同比增长128.9%，按可比口径恢复至疫情前同期的100.7%。与此同时，游客呈现出停留时间更长、出游距离更远的特点。劳动节期间，一日游游客占比较2022年同期下降6.0个百分点，停留2天以上的游客占比则提升了9.6个百分点。游客平均出游半径180.8千米，同比增长81.6%；目的地平均游憩半径16.0千米，同比增长167.2%。跨省游客比例达24.5%，较2022年同期提高15.5个百分点；83.5%的游客出游距离在100千米以上，占比较2022年同期提高9.7个百分点。

从供给端来看，国民休闲市场结构不断优化。整体上，休闲产业市场在2023年呈现出更多元化的产品和服务。除去传统的旅游、餐饮、娱乐等领域之外，市场出现了更多创新的休闲项目和体验，如围炉煮茶、精致露营、城市市集、搭子文化、特种兵式旅游、淄博烧烤等。这使得消费者能够根据个人兴趣和需求选择更具个性化的休闲方式，提升了市场的多元性。同时，也从侧面反

映出了当前休闲市场逐渐由青年群体占据主导，且呈现出"跟风打卡"的休闲旅游特征。其背后的根本原因还在于Z时代消费群体对多元体验的注重，追求在最短时间内拥有一段最核心和高质量的休闲体验。此外，随着科技的不断发展，休闲产业市场开始广泛应用数字化、智能化技术，以提供更便捷、个性化的服务。抖音、小红书、美团、微博等成为核心的休闲决策平台，使得消费者能够更加快速和准确地获取信息、进行预订和享受休闲体验。

2023年是实施"十四五"规划承前启后的一年，也是中国休闲市场稳步行驶在高质量发展道路上的又一新起点。国家层面为更好引导和促进旅游业恢复发展，积极推动大众旅游、加快培育智慧旅游、探索发展绿色旅游、积极倡导文明旅游、推进文旅融合高质量发展。2023年，健康休闲、文化旅游休闲、社交休闲以及美食休闲等成为国民高热度休闲方式。

健康休闲：随着人们对健康的关注度提高，健康休闲成为热议话题。人们对健身、养生、瑜伽等项目的关注度增加，健康休闲方式受到广泛关注。健身工作室、瑜伽馆、健康餐厅、养生中心等场所提供各种健身运动、瑜伽课程、健康饮食和养生护理服务，满足了消费者对身心健康的需求。

文化旅游休闲：2023年，休闲产业与文化旅游相结合成为市场发展趋势。人们对于文化体验和旅游景点的需求更加注重品质和深度。休闲产业通过打造文化旅游项目，如文化艺术节、美食文化节、主题公园、博物馆等，为消费者提供了丰富多样的休闲体验。据中国演出行业协会发布的统计数据，2023年第一季度，全国营业性演出（不含娱乐场所演出）场次6.9万场，较2022年同比增长95.4%；演出票房收入49.8亿元，较2022年同比增长111.0%；观演人数2185.2万人次，较2022年同比增长143.0%[1]。北京环球度假区官方数据显示，2023年，北京环球影城指定1.5日门票、2日联票同比2022年销售增长近5倍；酒店+门票的套餐产品增长228%[2]。这些数据表明演唱会、音乐节、主题乐园等新的休闲业态逐渐呈现出强劲的文旅消费带动效应，未来将成为拉动区域发展的重要途径。

社交休闲：社交娱乐依然是国民进行休闲活动的一个重要动机。2022年大

---

[1] 中国演出行业协会. 一季度全国演出票房收入49.80亿元［EB/OL］.（2023-04-03）［2023-08-01］. https://www.chinanews.com.cn/cj/2023/04-03/9983292.shtml.

[2] 潘福达.外地游客和多日深度体验者持续增加 环球度假区溢出效应扩大［N/OL］.北京日报，（2023-05-08）［2023-08-01］. https://baijiahao.baidu.com/s?id=1765284995877971176&wfr=spider&for=pc.

火的剧本杀、密室逃脱、室内桌游等休闲方式仍然是2023年的主旋律之一。剧本杀、狼人杀、密室逃脱等剧本娱乐活动由于具有强社交属性，能在短时间内快速拉近人们的距离并建立起信任关系而受到广大青少年的追捧。中国文化娱乐行业协会、美团研究院联合发布的《2022年剧本娱乐行业发展报告》显示，2023年"五一"假期，剧本娱乐经营场所营业收入同比增长450%，消费人次超过400万，同比增长480%。美团平台数据显示，2023年第一季度，剧本娱乐市场规模环比增长47%，表现出强劲韧性与活力①。

美食休闲：美食休闲一直以来都是我国休闲市场的重要组成部分。然而，2023年大火的"淄博烧烤"，将美食休闲的热度再次拉高。据淄博市统计局官方数据，淄博2023年第一季度，限额以上批发、零售、住宿、餐饮业销售额（营业额）分别增长9.5%、15%、16%、25.2%②。自2023年3月以来，全市1288家烧烤经营户日均接待人数13.6万人，主城区张店重点烧烤店营业额同比增长35%左右；主城区周边区县周村、临淄重点烧烤店营业额同比增长20%以上③。数据表明，人们对美食的追求从不停歇。高质量的服务水平、便利的交通系统、热情的本地居民共同营造了良好的主客共享空间，这是淄博以烧烤出圈的重要因素。因此，高质量的美食休闲体验不仅在于美食本身，还在于目的地主客共享空间的构建。

（二）休闲观念与休闲态度的变化

2022年底，随着我国新冠疫情（以下简称"疫情"）宣布全面解封，我国逐步进入后疫情时代。由于疫情对国民的生活方式、工作方式、消费方式，甚至生存方式均产生了重大影响，这就使得疫情之后国民的休闲观念和态度发生了较大的变化。相较于疫情期间的"宅家休闲"，后疫情时代我国居民的休闲观念更加现代，休闲态度更加积极，这种转变主要体现在国民对休闲时间、休闲空间、休闲内容、休闲方式认知和态度上的转变。

1. 更加珍视休闲时间

与疫情前和疫情期间相比，疫情后人们对休闲时间的认识和理解更加深刻。

---

① 美团研究院.2022年剧本娱乐行业发展报告［R/OL］.（2023-07-27）［2023-08-01］.https://mri.meituan.com/research/report.
② 淄博市统计局.淄博市一季度经济运行实现良好开局［EB/OL］.（2023-05-06）［2023-08-01］.http://tj.zibo.gov.cn/gongkai/channel_c_5f9fa491ab327f36e4c13077_n_1605682682.9561/doc_64561883866fd4f5286194fb.html.
③ 谭昆智.政府公共关系中的淄博烧烤研究［J］.公关世界，2023，（11）：12-16.

疫情暴发前，大部分人对休闲习以为常，对自己拥有的休闲时间与休闲机会缺乏感知力；直到疫情期间，人们被迫宅家休闲，身体力行的局限性将诗和远方限制在家门口，户外休闲成了可望而不可即的奢侈品，以至于疫情期间大部分人把室内休闲时间看作是"空闲"时间，认为这段时间只能用来"打发"或者"消磨"。而现在，经过疫情的洗礼，人们对休闲的态度发生了微妙的变化，不再刻板地将休闲看作传统意义上的打发时间，他们开始将休闲看作是一种生活方式和人生态度，将自己的休闲时间视为一种"体验生活"的机会，是当下生活中不可或缺的重要组成部分。

中国旅游研究院（文化和旅游部数据中心）专项调查数据显示：86.2%的受访者认为休闲时间对自己非常重要或重要，比2022年增加22个百分点；95.1%的受访者表示自己比疫情前和疫情期间更加珍惜休闲时间；87.3%的受访者表示自己的休闲意识比疫情前和疫情期间显著增强；98.2%的受访者表示自己参与户外休闲活动的时间显著增加；93.4%的受访者期待通过各种休闲活动获得身心放松和满足感；95.6%的受访者表示自己更加珍惜与亲人、朋友一起享受休闲的时间。在回答"您认为休闲是公民的基本的权利吗"这一问题时，96.7%的受访者表示认同。无独有偶，《中国美好生活大调查2022—2023》发现，休闲时间1~2小时的人群，幸福感最高，达到56.4%[①]。对休闲时间认知的转变说明，疫情后人们的休闲意识显著增强，"休闲即生活"的理念逐渐深入人心。

2. 更加淡化休闲空间的边界

一般认为，非工作时间内，惯常居住地1~7千米范围内的消遣活动属于休闲。但疫情后，国民对休闲空间的认知发生了转变。随着近年来交通工具的便捷，自驾游兴起，高铁网、高速公路网日益完善，人们普遍认为，距离远近不再是区分休闲与旅游的标准，休闲心态、休闲内容成为衡量休闲半径长短的重要因素。

中国旅游研究院（文化和旅游部数据中心）专项调查数据显示，国民心目中的休闲半径正在逐步扩大。在被问到"您会依据出行半径来区分旅游活动和休闲活动吗"时，76%的受访者给出了否定回答；73%的受访者认为"放松的休闲心态""体验旅游目的地的生产和生活方式"是区分休闲和旅游的重要考量

---

① 光明网.中国美好生活大调查数据发布 解读城市休闲生活新趋势［EB/OL］.（2023-05-01）［2023-08-01］. https://baijiahao.baidu.com/s?id=1764672459157219560&wfr=spider&for=pc.

因素。也就是说，即便是超过10千米的出游，如果自己抱着放松的休闲心态去体验旅游目的地的生产和生活方式，这样的旅游也被视为休闲。中国旅游研究院（文化和旅游部数据中心）国民休闲课题组针对北京某大学75名学生的一项调查显示：86%的受访者认为，从北京出发去淄博吃烧烤，当天或两三天内返回，这种行为属于休闲活动；76%的受访者认为，星期五晚从北京乘坐高铁，到沈阳泡澡、大连星海湾广场喂海鸥、营口品尝美食，星期日晚返回北京，此类周末消遣的行为也属于休闲活动。由此可见，后疫情时代的休闲，打破了传统休闲的空间界限，休闲与旅游的边界变得越来越模糊。

3. 更加注重体育健身类休闲活动

疫情造成的生理和心理创伤唤醒了大众的健身意识，人们更加关注自己的身心健康，健康意识显著增强。疫情后，国民对休闲内容认知和态度转变趋向明显，人们开始改变以前不良的生活习惯和消极的休闲态度，对健康的休闲方式更加主动和积极。人们对能够促进身体健康的休闲活动更加偏爱，有碳水也要有汗水，健身成为休闲的重要内容。中国旅游研究院（文化和旅游部数据中心）专项调查数据显示：2023年，我国城乡居民选择体育健身作为休闲活动的比重比去年提升了1.2个百分点。

（1）城市居民偏爱"撸铁"

《中国美好生活大调查2022—2023》数据显示，2011年、2014年、2019年、2020年，休闲娱乐活动选择健身的人群占比依次为22.1%、21.3%、27.3%、31.9%，逐年增长效果明显。《2022年中国健身行业数据报告》显示，2022年受疫情影响，全国健身市场规模约2559亿元，相比2021年的2741亿元下滑了6.6%[①]。但是，进入2023年，全国健身市场迎来"回归"。根据报告2023年的Q1最新数据统计，线下健身场馆的各项运营数据指标正在快速复苏。截至4月30日，线下各类健身场馆数量大幅增加，付费健身会员数量、平均消费支出、活跃度、训练频次等数据也均已逼近2019年同期水平。此外，2023年8月爆火的天津大爷跳水，也吸引了旅游休闲市场的目光。在社交媒体上，多段天津大爷大妈们在海河跳水的视频广为流传，并使得海河上的狮子林桥、北安桥等地成为网红打卡"景点"。"天津拜拜"跳水的休闲活动也从另一个侧面说明了城市居民对休闲内容认知的转变。

---

① 上海体育学院经济管理学院等.2022年中国健身行业数据报告［R/OL］.（2023-05-06）［2023-08-01］.https://baijiahao.baidu.com/s?id=1765381082311279270&wfr=spider&for=pc.

（2）农村居民热衷乡村赛事

在乡村振兴、建设体育强国和健康中国的战略背景下，相关政策频出。2022年5月，国务院办公厅印发《"十四五"国民健康规划》，其中提出推进健康相关业态融合发展，促进健康与旅游、互联网、健身休闲等产业融合发展，壮大健康新业态、新模式。2022年6月，农业农村部、国家体育总局、国家乡村振兴局联合印发《关于推进"十四五"农民体育高质量发展的指导意见》。2023年6月，体育总局等12部门联合发布《关于推进体育助力乡村振兴工作的指导意见》。在相应利好政策和新媒体的推动下，"村超""村BA"等农村体育赛事成为爆火的现象级休闲旅游活动，农村居民参与体育赛事成为2023年国民休闲的一大亮点。贵州榕江县"村超"火爆出圈，台江县"村BA"的热度更是从2022年持续到2023年。贵州省体育局公布的数据显示，村BA赛事覆盖全省9个市（州）、88个（市），共组织民间篮球队2624支，开展5457场比赛，覆盖446.75万群众[①]。从2023年5月村超举办以来，上百万人次到场观战、超5000万人次在线围观、全网流量突破300亿次。贵州的"村超""村BA"产生规模效应，乡村赛事全国范围内遍地开花，如宁夏海原、广东汕尾和东莞、天津静海、福建晋江、江西吉安、海南琼海和万宁、湖南汨罗，等等。乡村居民体育健身在利好政策的推动和新媒体的助力下，火遍线上线下。

（3）全民追捧线上线下互动健身

2022年，刘畊宏凭借自己的健身直播一夜爆火登上流量宝座，引领了一股强劲有力的居家健身风向，全民运动、全民健身的风气一直延续到后疫情时代。作为引发全民健身热潮的领军人物，刘畊宏创造了健身操《本草纲目》，每周定期在直播间和妻子王婉霏（Vivi）带领数千万人一起跳操，他们在全网逐渐拥有一大批"刘畊宏男孩女孩""Vivi女孩"为标签的粉丝群体。在线下，他们也通过各种方式，鼓励全民健身。2023年8月8日是全国第15个全民健身日，"畊好相约，乐动鸟巢"通过全平台直播的方式，将精彩盛会第一时间呈现给更多观众，分别在人民日报、鸟巢文旅、咪咕视频、抖音、快手、微博、小红书以及视频号等多个平台同步直播。全民健身嘉年华活动中，刘畊宏、Vivi夫妇首度将直播间搬到鸟巢，邀请线上与线下的粉丝跳操同乐，一同庆祝国家第15个

---

① 黔东南苗族侗族自治州人民政府.全网浏览量超10亿人次，"村BA"再次燃爆全网.[EB/OL].（2023-03-30）[2023-08-01].http://www.qdn.gov.cn/zwfw_5872270/bmlqfw/lyfw_5872345/lydt_5872346/202303/t20230330_78811470.html.

全民健身日。根据统计数据，8月8日全民健身嘉年华在快手平台的直播总观看量高达5971万，总互动量为473万，同时最高在线观众数超过10万人；微博平台的直播观看量达到了1898万，互动量突破579万[①]。线下方面，在8月7日与8日这两天，吸引超过6000名热情的参与者会聚一堂，串联了线上与线下的参与者，展现了全民健身的魅力。

从上述现象及爆火的健身体育休闲活动来看，疫情后，国民更加注重自身身体健康，对体育活动带来的休闲氛围更加向往。

4.更加偏爱互动式、体验式、个性化的休闲产品

互动式、体验式休闲属于更高层次的休闲产品，能够让休闲者获得更直观和深刻的休闲体验。与传统走马观花式的休闲相比，疫情后人们更加偏爱互动式、体验式休闲，更加注重对休闲产品的感受、体验和享受的过程。中国旅游研究院（文化和旅游部数据中心）专项调查数据显示：86%的受访者表示，选择去淄博吃烧烤，主要是能够参与美食制作、享受和体验美食；78%的受访者表示，体验化是衡量休闲品质高低的重要标准；90%的受访者表示，会根据兴趣爱好选择自己的休闲方式。

疫情前，大部分居民的休闲活动比较单一，消费购物主要偏重闲逛、唱歌、旅游、餐饮等；文化休闲主要喜好参观博物馆、看电影、赶庙会等；健身体育休闲偏重于广场舞、太极拳等传统活动；居家休闲大多喜欢棋牌类活动。疫情期间，绝大部分居民的休闲活动转到线上，主要进行追剧、网游、直播等网络休闲活动。

疫情解封后，休闲空间扩大，人们休闲活动的花样也井喷式增多。国民消费购物开始转向风格多样的商业步行街区和文旅市集，并且偏重于互动体验项目，如石膏娃娃彩绘、DIY产品制作、美甲、养生理疗等；文化休闲方面，越来越多的年轻人喜欢参加明星演唱会、音乐节等文化休闲娱乐活动，参与者也更加注重互动体验，"有朋自远方来"皆可为友；国民对户外体育休闲的项目选择越发多样，马拉松、徒步、越野、跳伞等项目的受众群体越来越多；同时，疫情后人们对生命的感知拉近了亲属间的亲缘关系，打破地缘关系的局限，居家休闲在此基础上玩出了新花样，亲属间更加关注彼此的身心健康，互动更多了，聚餐活动的频率和质量更高了。另一方面，个性化、多元化的休闲方式正

---

① 证券时报.国家全民健身日"刘畊宏健身音乐嘉年华"嗨翻鸟巢.[EB/OL].(2023-08-09)[2023-10-01]. https://baijiahao.baidu.com/s?id=1773751881847185243&wfr=spider&for=pc.

在成为一种时尚，越来越受到大众青睐，如探店、房车露营、自驾旅游、暑期国外夏令营、微度假等。

从供给端来看，市场主体对旅游休闲产品的供给，也充分体现了国民追求互动体验休闲的态度。为了满足国民对休闲内容的个性化、多元化需求，各大景区产品服务也顺势而为。西安大唐不夜城景区推出的"盛唐密盒"中，"房谋杜断"组合的风趣谈吐，个性表演，默契配合，与游客互动"爆梗"不断，这一新颖的文旅融合方式，在创新游客期待的同时，大大提高了游客休闲体验满意度。2023年6月，"甘肃嘉峪关关长"给来往游客发放"通关文牒"走红网络，该"关长"身着"官服"，给来往游客加盖通关印章，并与游客互动家乡来源地，沉浸式仿古互动满足了来自五湖四海游客的个性需求，给游客带来不一样的休闲体验。

综合需求端和供给端，可以看出，后疫情时代国民对休闲活动的态度更加偏好于在互动体验中满足个性化、多元化需求。

（三）休闲行为与休闲效益的变化

突如其来的疫情使人们的休闲行为受到了极大的限制，而随着疫情管控逐渐放宽，人们的休闲行为出现了明显的变化，具体表现在：休闲场景日趋多元化、休闲旅游成为大众生活日常化选择、更加重视绿色休闲方式。与此同时，休闲的效益也发生了一定的变化，例如休闲的社交功能日益增强、疗愈价值不断突显。

1. 休闲场景日趋多元化

休闲场景的出现是为了满足人们日益增长的休闲需求。从2006年杭州西湖"还湖于民"举措开始，城市休闲的这一功能就不断突显。随后，重庆、西安、长沙、上海、成都、北京、南京、苏州、广州、武汉、大连、青岛、淄博等一众城市不断营造新的休闲场景，如生态休闲区、自然体验区、特色美食区等，打造网红城市。疫情之下，人们原先的休闲节奏被彻底打乱，出行及线下活动受限期间，休闲场景更多局限于封闭空间，休闲行为多产生于线上。随着时间的推移，单一、有限的休闲场景及方式逐渐令人们出现消极心态，极度渴望情绪价值被满足，体验能够带来"幸福感"和"有温度"的休闲产品。随着国内疫情形势逐步好转，国家管控政策逐渐宽松，人们的休闲场景趋于多元，尤其在中国对新冠肺炎实施"乙类乙管"后，这一趋势更加明显。

人们的休闲活动可以发生在社区花园、城市绿道，可以发生在城市公园、郊野公园、国家公园等一切有风景的开阔开放空间，也可以发生在餐馆、酒吧、咖啡馆、购物中心、菜市场、酒店与民宿等商业环境，还可以发生在图书馆、文化馆、博物馆、美术馆、电影院、音乐厅和戏剧场等文化空间。《中国休闲发展年度报告2022》显示，2022年我国城镇居民分别在工作日、周末、节假日开展的家庭休闲活动占比依次是8.6%、8.2%、8.3%[①]，而中国旅游研究院（文化和旅游部数据中心）在2023年进行的专项调查显示，这一比例下降到了6.0%、6.3%、6.4%，居家休闲活动较少意味着户外休闲活动的增加，休闲场景逐渐打开。

此外，中国旅游研究院（文化和旅游部数据中心）专项调查数据还显示，2023年端午节期间，访问文博场馆、历史文化街区，参与各类非遗项目，参加音乐节、演唱会等文化活动的游客占比高达87.9%；定点监测的全国7255个旅游休闲街区（含商圈），单个街区日均客流8588人次；参与夜间文化活动和旅游消费的游客比例达22.3%，较2022年同期大幅提高7.9个百分点。疫情之后的国民休闲场景空间已经无处不在、无时不在，如融入文化且增加了VR/AR等科技元素的公园、文化园区、历史文化街区、图书馆、文化馆、艺术中心、美术馆、博物馆、游乐场、购物休闲中心等空间，更有三华李、星乐度、永安稻香村等轻度假、泛休闲产品，共同构成新时代国民休闲新场景、新产品和新业态。上述表明，我国居民的休闲场景已从家里拓展到更加广阔的户外空间，随着政府和企业等休闲供给能力的增强，居民休闲场景会更加多元化。

2.休闲旅游成为大众生活日常化选择

疫情改变了人们的出游认知，旅游与日常生活的边界日渐模糊，休闲旅游成为大众生活日常化选择。生活化旅游的最大特征表现为大众性。中国已经迎来泛旅游时代，已从过去"小旅游"阶段过渡到"大旅游"阶段。在泛旅游时代，每个人都可以成为游客，具体表现在：旅游生活化，生活旅游化；客源地目的地化，目的地客源地化等。2023年以来，"生活"成为旅游行业的热词。2023年1月，马蜂窝的元旦小长假大数据显示，奔赴山川湖海拥抱自然，或是漫游街头巷尾感受人间烟火，是年轻人最热衷的跨年体验[②]。2023年3月，中国旅游研究院发布的《世界旅游休闲城市发展报告》提出：国内游客已经从"看

[①] 中国旅游研究院.中国休闲发展年度报告（2022—2023）[M].北京：旅游教育出版社，2022.
[②] 马蜂窝.2023年元旦大数据报告[R/OL].（2023-01-02）[2023-08-01]. https://www.traveldaily.cn/article/170038.

山看水"转向"人间烟火"①。此前中国旅游研究院出版的《2022年中国旅游经济运行分析与2023年发展预测》也提出，游客消费空间逐渐从景区景点等传统旅游消费场所向历史文化街区、商圈休闲区、城市公园等公共消费空间扩展②。

近年来，我国旅游消费出现了去中心化、非团队化、近距离化、弱景区化趋势，近程出游和本地休闲始终是基础市场。其中，弱景区化是指旅游活动对景区尤其是封闭式观光型景区的依赖度减小，当地居民日常生活空间变得越来越重要。近地化、在地化旅游成为常态，高频次的本地休闲成为刚性需求，越来越多的人开始选择欣赏身边的美丽风景，感受日常的美好生活。飞猪数据显示，2023年端午节假期，文化和旅游行业复苏强劲，自驾或组团去城市周边游玩仍然是备受游客喜爱的出游方式，国内租车服务成交额同比增长超3倍，周边游预订量同比增长超4.6倍③。中研普华产业院研究发布的《2023—2028年中国周边旅游行业市场现状分析及未来发展趋势预测研究报告》显示，近三年来，以周边游为代表的短途出行，已经成为五一、端午等各大节假日旅游市场的主流④。随着人民生活水平的不断提高和对美好生活需求的日益增长，我国居民的休闲旅游需求将会越来越旺盛，出游方式逐渐由"长途低频"转为"短途多频"，未来周边游将成为旅游经济的主要动力来源，休闲旅游也将成为大众生活日常化选择。

3.更加重视绿色休闲方式

近年来，中国积极推动经济社会全面向绿色发展转型。党的二十大报告中对于"绿色"着墨颇多，如"要加快发展方式绿色转型，实施全面节约战略，发展绿色低碳产业，倡导绿色消费，推动形成绿色低碳的生产方式和生活方式""推动经济社会发展绿色化、低碳化是实现高质量发展的关键环节"等。随着政策红利的到来，绿色、低碳、可持续成为2023年众多行业发展的热点。与此同时，随着"绿色""低碳""可持续"等观念逐渐深入人心，绿色休闲成为人们的普遍共识，绿色休闲方式越来越受重视。绿色休闲是一种全新的休闲方

---

① 中国旅游研究院.世界旅游休闲城市发展报告［R/OL］.（2023-03-27）［2023-08-01］.https：//www.ctaweb.org.cn/cta/gzdt/202303/c2929dad82c44c208b395b157714dac2.shtml.

② 中国旅游研究院.2022年中国旅游经济运行分析与2023年发展预测［M］.北京：中国旅游出版社，2023.

③ 飞猪.2023端午出游快报［R/OL］.（2023-06-24）［2023-08-01］.https：//www.lvjie.com.cn/brand/2023/0624/29625.html.

④ 中研普华产业院研究.2023-2028年中国周边旅游行业市场现状分析及未来发展趋势预测研究报告.［R/OL］.（2023-09-20）［2023-10-01］.https：//www.chinairn.com/news/20230920/15511689.shtml.

式，它摒弃奢靡、浪费、沉闷及毫无创意的吃喝玩乐，倡导以环保的概念重新导演休闲生活，以积极的观念带动健康的生活方式，强调人们在从事休闲活动时，无论居家还是出游，均以可持续生活方式为基础，节约能源、降低污染、垃圾分类等，与大自然和谐相处。在人们日常生活中，绿色休闲主要体现在绿色消费、绿色出行以及可持续旅行等方面。

首先，公众社会责任意识和绿色消费意愿不断增强。随着中国积极推进绿色和可持续发展议程，绿色和可持续理念已被大众广泛接受和认同，并在消费上有所反映。具体表现在：消费者意识到消费行为中所蕴含的社会责任，有意进行"负责任的消费"。德勤咨询发布的《2023中国消费者洞察与市场展望》显示，受访者在谈及前三位消费观念时，超过三成的受访者选择了"负责任的消费，减少对地球和对人类社会的负面影响"的选项，仅次于"真实需要"与"性价比"成为第三普遍的消费观念；此外，有10%的消费者甚至将"负责任的消费"作为符合自己消费观念的第一位[①]。在社会责任意识日益突显的同时，消费者也越来越倾向于将这种绿色消费意识付诸日常消费行为当中。《2023中国消费者洞察与市场展望》还显示，超过六成的消费者愿意为绿色消费支付溢价。艾瑞咨询发布的《2023年中国消费者洞察白皮书》指出，绿色消费已深度渗透到大众日常生活，有42.3%的消费者愿意在生活中优先购买可多次循环利用或可被回收的商品[②]。

其次，绿色出行氛围浓厚，日益成为公众出行习惯。绿色发展是关系中国发展全局的重要理念，推动绿色出行发展是其中重要的一环。生态环境部环境与经济政策研究中心发布的《中外公众绿色生活方式比较研究报告》显示，相较于欧美国家，中国公众绿色出行表现更好，尤其在公共交通使用方面，中国被调查的重点城市公众在过去几年增加绿色出行的比例更高，使用共享交通工具出行的比例也更高[③]。《中外公众绿色生活方式比较研究报告》还指出，我国公众普遍具备较强的环境责任行为意愿，在呵护自然生态、减少污染产生、选择低碳出行等低成本、容易践行、经济和环境效益明显的领域，多数公众践行度

---

① 德勤管理咨询.2023中国消费者洞察与市场展望.[R/OL].（2023-01-31）[2023-10-01].https：//baijiahao.baidu.com/s?id=1756529934803067055&wfr=spider&for=pc.
② 艾瑞咨询.2023年中国消费者洞察白皮书［R/OL］.（2023-05-13）[2023-08-01].https://report.iresearch.cn/report/202305/4181.shtml.
③ 阮煜琳.报告显示，中国公众绿色出行表现更好.[EB/OL].（2023-06-27）[2023-10-01].https：//baijiahao.baidu.com/s?id=1769845239808956144&wfr=spider&for=pc.

较高，基本能够做到"知行合一"；在新能源车购买方面，2022年中国新能源汽车销量占本国汽车总销量的25.6%，高于全球平均水平（14.0%），预计今后还会进一步增长。百度地图联合清华大学数据科学研究院交通大数据研究中心等发布的《2023年第1季度中国城市交通报告》显示，2023年第一季度我国城市居民绿色出行意愿整体表现良好，北京、上海等政治或经济中心城市有超过一半的居民计划一周绿色出行4次以上，成都、西安、武汉、南京、杭州、长沙等知名休闲旅游城市有近一半的居民计划一周绿色出行4次以上。

最后，可持续旅行持续升温，越来越受旅游者青睐。2023年5月，全球领先的酒店及住宿在线预订平台缤客发布了《2023年可持续旅行报告》[①]。该研究针对全球35个国家和地区，逾3.3万名游客展开，发现随着中国旅游市场全面复苏，可持续旅行的重要性和迫切性逐渐突显。87%的中国受访者认为选择更加环保的出行方式至关重要，他们表示无论是在家还是外出旅行，都会从身边点滴做起，保护赖以生存的自然环境。在旅行过程中，41%的中国受访者会使用非一次性购物袋，34%的受访者则会自带可重复使用的水瓶，27%的受访者会主动回收废品。在旅行交通方面，38%的中国受访者在制订旅行计划时会选择步行、骑自行车或者是公共交通，这一人数较2022年增长了3个百分点。在旅行住宿方面，75%的受访者希望进一步了解更加环保的特定选项，如提供环保LED照明或提供节水坐便器的住宿。在旅游消费购物方面，70%的中国受访者表示愿意为获可持续认证的旅游选项支付更多费用，40%的中国受访者正处于不断寻找推动可持续发展品牌当中。展望未来，该研究指出，89%的中国受访者表示在未来12个月会选择更为可持续的旅行方式。

4.休闲的社交功能日益增强

疫情期间，保持足够的社交距离成为必须遵守的规则，大多数情况下，人们需要佩戴口罩并减少聚集性活动。而疫情过后，社交方式将逐渐恢复到以前的状态，无论是室内还是户外休闲，其社交功能将进一步增强。中国旅游研究院（文化和旅游部数据中心）专项调查数据显示，89.8%的受访者会选择与同伴一起开展休闲活动，仅有10.2%的受访者选择独自一人。无论是马路牙子边喝酒，还是路旁吃汉堡，抑或是电影院里看电影，产品外化的消费氛围下，是气场相契合、兴趣相匹配的人聚集在这里，成为一个社群聚集地。文化街区、

---

① 缤客.2023年可持续旅行报告.[R/OL].（2023-05-09）[2023-08-01]. http://life.china.com.cn/gg/zixun/detail2_2023_05/09/3951660.html.

闹市酒吧、公路商店等休闲场景的本质是消费者消费升级下的新型外向社交方式，一群人共创好玩的内容，相互安利，互相关怀。

古装电视剧《梦华录》的热播，再现了历史上宋朝茶文化兴盛的社会面貌，直接在小红书、微博等平台引爆关于"宋式点茶"的讨论热度。"围炉煮茶"更在网红们精致唯美的镜头的助推下，极速蔓延，成为2022年底火爆的社交休闲方式。京东消费及产业发展研究院联合京东超市发布的《2023咖啡与茶消费洞察》显示，2023年以来，"围炉煮茶"搜索量环比提升2.5倍，花草茶成购物用户数占比最高的茶类，而越州龙井和贡眉茶以近60%的同比增幅成为成长最快的茶类[1]。

同样，户外露营也逐渐成为一种重要的休闲社交方式。魔镜市场情报发布的《2023年618社媒消费趋势洞察报告》指出，以比较热门的户外活动"露营"为例搜索社媒发现，户外活动所承载的已不再只是消费者们的压力释放，还成为社交活动的载体和桥梁，露营的参与形式从个人、家庭逐步发展到团建、派对，其中的变化不只是人数的增多，更有消费者们的社交渴望。除了参与形式，参与过后的分享欲也是社交属性的强烈表达，"滤镜""出片"等关键词可见一斑[2]。在淘宝天猫电商平台，露营产品的风格多样，排名首位的是"精致露营"，精致露营既可以优化消费者的露营体验，也是他们作为对外社交的有力工具。

此外，外出旅游的社交属性也日益增强。去哪儿旅行与小红书共同发布的《2023五一旅行趋势报告》显示，2023年各类型艺术展、博物馆、演唱会呈现井喷趋势增多，逛展、蹦野迪逐渐成为年轻人的社交新方式，越来越多的年轻人喜欢通过旅行去追寻自己的兴趣爱好和个性特点，他们通过旅行去探索新的文化和认识新的朋友[3]。2022年12月，《中国旅游景区度假区发展报告（2022—2023）》显示，随着人民群众文化素质的提升、公共文化供给的丰富，以及互联网的普及和社交媒体的兴起，志趣相同的年轻人相约看展，并在社交媒体上分享自己的看展经验，以"看展式社交"推动了博物馆热[4]。旅游具有天然的社

---

[1] 京东消费及产业发展研究院，京东超市.2023咖啡与茶消费洞察［R/OL］.（2023-04-03）［2023-08-01］.https：//baijiahao.baidu.com/s?id=1762144240082084509&wfr=spider&for=pc.

[2] 魔镜市场情报.2023年618社媒消费趋势洞察报告［R/OL］.（2023-06-19）［2023-08-01］.https：//www.mktindex.com/static/industryreports/?f=industryreports#.

[3] 去哪儿，小红书.五一旅行趋势报告.［R/OL］.（2023-04-07）［2023-08-01］https：//news.hexun.com/2023-04-11/208250538.html.

[4] 中国旅游研究院.中国旅游景区度假区发展报告（2022-2023）［M］.北京：旅游教育出版社，2022.

交属性，只要不是个人独自去荒郊野岭，总会涉及人际交往。即使是在自由行盛行的今天，大多数人也倾向于结伴出游。在此趋势下，携程 App 推出了专门的板块（结伴游）为旅游者提供结伴交友、线下活动、拼单交易等服务。主要服务于 80、90、00 后人群的青年化旅游社交平台——青创之旅（Young Party）也在 2023 年问世。未来，类似的服务和平台会越来越多，不断满足渴望诗与远方和结识新朋友的游客的旅游社交需求。

5. 休闲的疗愈价值不断突显

面对充满不确定性的大环境，在工作、生活、学习等多重因素的影响下，人们对能够有效排解情绪、舒缓焦虑、脱离倦怠的休闲活动的需求不断增长，开始重视休闲独特的疗愈价值。从各类解压、治愈视频、音乐和游戏，到新兴的"阳台种菜"，再到聊以慰藉的"Comfort Food"，自我疗愈的需求正在激发休闲治愈经济的新活力。2022 年，"精神内耗"一词火遍网络，引发了人们对压力和焦虑的又一次热议。随后，洗地毯、切肥皂、模型拼装等视频受到关注，人们通过颅内声音传导、物品损坏或恢复等画面，释放情绪，达到解压的效果。新榜研究院发布的《2023 消费趋势报告》显示，2022 年 B 站治愈相关视频总播放量超过 92 亿，小红书解压视频总浏览量 1102 亿，抖音解压视频播放量超过 1363 亿①。手工类产品带来的专注与思维放空，也成为治愈情绪的重要方式。《2023 消费趋势报告》数据显示，2022 年小红书上关于"手工"话题的阅读量超过了 8 亿。人们在外出旅游时，休闲疗愈活动颇受消费者欢迎。山西省、青海省、云南省和山东省四省消协组织联合开展的"跨省旅游消费调查活动"数据结果显示，具有一定疗愈效果的游玩项目更受欢迎；去海边和泡温泉是消费者在进行跨省旅游时最感兴趣的游玩项目，分别占比 31% 和 30.7%②。

在众多休闲活动中，享受美食和美食旅游正在成为情绪治愈和缓解压力的"良药"。受过去三年疫情的影响，为了做好日常的防护措施，人们不仅对身体健康有了更高的要求，对精神和情感等心理健康的需求也不断提高，消费者们更加渴望从食物中获得愉快、纵享的体验。"Comfort Food"译为"慰藉食品"，指可能无益于健康但可以安抚情绪，使人心情愉快的食品。当生活中遇到不如

---

① 新榜研究院.2023 消费趋势报告［R/OL］.（2023-03-09）［2023-08-01］.https：//mp.weixin.qq.com/s/Iac843yFcKzHL5J6tj3NoA.

② 董洁.青海联合三地消协 共同开展跨省旅游消费调查［N/OL］.青海日报,（2023-03-16）［2023-08-01］https://baijiahao.baidu.com/s?id=1760468164640136447&wfr=spider&for=pc.

一、不一样的烟火——重新出发的国民休闲
Part 1 A different kind of human fireworks atmosphere—National Leisure Starting Again

意的事情，美食时常扮演"犒赏"和"安慰"的角色，帮助人们舒缓身心。据光明网报道，2022年12月，疫情政策变化后，"一罐难求，黄桃罐头比感冒药还难抢。"这种罐头食品被广大网友调侃成"一种新型罐装特效药"①。尽管商家回应称，黄桃罐头没有任何药效，要理性消费，依旧阻挡不了大家抢购囤积的热潮，这不仅仅是因为其谐音"桃过疫情""桃过疫劫"的寓意，还因为它能补充维C和水分，能在人们感染后提升食欲，缓解咽喉的不适感，在一定程度上带给消费者情绪上的治愈和更好的体验。2023年夏天，"多巴胺"火爆全网，在美食领域也掀起波澜。千瓜数据发布的《2023年上半年美食饮品行业数据洞察报告（小红书平台）》指出，2023年上半年多巴胺在小红书上的相关种草笔记量达1.20万，互动总量超166.97万，其中笔记内容关键词显示，"蛋糕、水果、咖啡、奶茶"等品类笔记篇数分别占比16.8%、8.9%、14.4%、6.9%，可以看出，这些笔记创作内容基本围绕甜品和饮品展开②。色彩心理学认为，明亮的色彩能够引发积极情绪，促进人体释放"快乐激素"，"美食＋多巴胺"为人们带来了味蕾与精神上的双重享受。

人间烟火气，最抚凡人心。美食是治疗心灵的最好方式，美食旅游亦是如此。疫情过后，无数食客为了远方美食，会"来一场说走就走的旅行"。2023年，全国各地迎来阔别已久的旅游热潮，不少地域美食随之火爆。《2023年上半年美食饮品行业数据洞察报告（小红书平台）》指出，2023年热搜词总量榜中，涌现出"街头美食""淄博烧烤""香港美食""沈阳美食"等新词，"重庆老火锅""潮汕美食"相较于2022年热度值排名更是上升249、304位；线上线下美食场景一片火热，"探店""Vlog"占比为26.2%、7.9%，"教程""美食测评"占比为23.6%、10.5%，与此同时，美食、保健品、小家电等品牌也投放了地域美食相关的内容，爆文频出。

一生要强的中国人将对美食的追求发挥得淋漓尽致，他们喜欢通过旅游来探寻不同地域的美食，品尝当地特色美食。他们频频穿梭于城市、景区、街巷，只为享受不同口味的美食盛宴，领略当地的风土人情。品尝山东淄博的灵魂烧烤三件套、感受湖南长沙夜市的人间烟火气、触摸广西柳州螺蛳粉的城市气味

---

① 熊志.黄桃罐头遭疯抢，对症用药才能"桃过疫情"［N/OL］.澎湃新闻，（2022-12-13）［2023-08-01］.https：//baijiahao.baidu.com/s?id=1752068063083658120&wfr=spider&for=pc.
② 千瓜数据.2023年上半年美食饮品行业数据洞察报告（小红书平台）［EB/OL］.（2023-07-26）［2023-10-01］.https：//mp.weixin.qq.com/s/RXHpAo5jV6_wCAOekCYJ_g.

记忆，等等，一个地方的美食即可开启一场说走就走的旅行。在众多食客眼中，旅游就是要让胃先来探探路，狂玩整个市嗨吃整座城，卡路里因食者"心诚则零"。克劳锐发布的《2023旅游消费内容研究报告》指出，游客对美食的消费劲头日益强劲，饮食消费已位居游客旅游开销平均线之上，"品鉴美食"已然跃为游客旅游过程中的重要一环①。该报告还强调，未来的旅游市场会加大旅游建设当中美食文化部分，都市美食文化和乡村美食文化等将激发游客美食旅游的丰富性与多样性，美食节、美食街区等美食旅游形态在旅游产业中的作用越来越凸显。

（四）休闲服务供给与休闲产业的变化

休闲是人民美好生活的重要组成部分，随着国民生活水平的提高和精神物质生活的不断丰富，大众对文化、娱乐、休闲等方面有了更高的需求。围绕人民群众呈现出来的新需求，我国各级政府与市场主体在优化旅游休闲空间、丰富优质产品供给、完善旅游休闲设施、发展现代休闲业态、提升旅游休闲体验、推进产品创新升级等方面做出了许多创新实践。小而美的新型公共文化空间随处可见，不仅成为城乡居民的精神家园和网红打卡地，有些还成为外来游客必选的旅游目的地。

1. 主客共享的美好生活空间日益增加

公共文化服务体系更加完善，持续高质量的内容输出满足了人民群众的精神文化需求。中央宣传部办公厅、文化和旅游部办公厅发布的《关于推动实体书店参与公共文化服务的通知》提出，支持实体书店参与政府购买公共文化服务项目，引导实体书店参与公共文化服务网络建设，鼓励实体书店参与公共阅读资源建设，推动实体书店与公共文化机构融合发展。东莞市大力实施公共文化服务"411工程"（四馆：市、镇、村图书馆，市、镇、村文化馆，国有、非国有博物馆，国有、非国有美术馆；一剧院：市镇两级剧院；一空间：高品质新型文化空间），推动全市博物馆联盟打造"博学东莞"、图书馆体系打造"书香东莞"、文化馆体系打造"潮流东莞"、美术馆联盟打造"育美东莞"、剧院联盟打造"爱乐东莞"等文化品牌。杭州市开展"文艺星火赋美"工程，以公共文化为底色，文化志愿者、专业演职人员、民间艺人为社会文艺细胞，在景区、公园、街坊等公共场所，开展常态化艺术展演和推广活动，以多点、高频、流动的舞台打造城

---

① 克劳锐.2023旅游消费内容研究报告［R/OL］.（2023-02-20）［2023-08-01］. https：//mp.weixin.qq.com/s/twZ6NhxQwgEDnQgKXdDNyg.

市艺术景观，用文艺星火积蓄生活诗意、涵养城市温度，让每一座城市都成为流动的艺术雕塑。北京市朝阳区依托"朝阳文旅云"平台，通过线上＋线下结合的形式，组织开展"文旅云周末剧场""有意思的博物馆""阅读引领计划""阳阳带你游朝阳"等系列文旅消费活动，向群众免费发放文旅惠民消费券，激发文旅消费活力，打造潮流时尚消费"新高地"。2022年，我国文化及相关产业规模持续扩大，营业收入超过16.5万亿元，与2021年相比，文化产业固定资产投资增长7.6%，增速快了2.4个百分点，文化娱乐休闲服务增长1.5%。

城市公园绿地开放共享，回应了人民群众对城市绿色生态空间的需求。住房和城乡建设部发布通知鼓励各地拓展开放共享的绿地类型，要求各省级住房和城乡建设（园林绿化）主管部门组织本地区有关城市开展公园绿地开放共享试点工作，增加可进入、可体验的绿色活动空间，完善配套服务设施，更好地满足人民群众搭建帐篷、运动健身、休闲游憩等亲近自然的户外活动需求。目前，多地已开展公园绿地开放共享试点，让市民享有更多的绿色空间，更加亲近家门口的"诗与远方"。温州市改造一批公园绿地开放区域，持续推进公园主题化建设，统筹景观建设与生态修复、生态功能与文化功能等关系，通过种大树、去灌木、种草坪等方式，释放更多公共绿地空间；试点打造城市智慧公园，通过科技动态感知监测、分析，整合公园各关键环节资源，提供多元化公众服务。宿迁市新建的城市公园绿地均不设围栏、围墙，市民可以24小时进出；对原有封闭式公园绿地拆除围栏、梳理植被、通透空间；试点考虑全龄段户外活动需求，因地制宜，提供露营地、野餐点，配套建设直饮水、衣帽架、垃圾收集点、安全监控等各类服务设施，不定期开展草坪露营、放风筝等活动。厦门市市政园林局制定了《厦门市公园绿地开放共享区域管理指引（试行）》，对适用范围、草坪管理、公园管理机构职责、文明游园管理、禁止行为等方面提出管理指引，有序推动城市公园绿地开放共享试点工作。

2.全民健康带动户外体育休闲发展

2022年11月，国家体育总局、国家发展改革委等八部门共同印发《户外运动产业发展规划（2022—2025年）》，首次就优化户外运动产业发展环境和产业结构，丰富户外运动产品供给等方面制定具体举措，并提出到2025年户外运动产业总规模超过3万亿元的目标，为户外运动产业的发展提供了更进一步的政策保障。随着全民健身与全民健康深度融合，公共体育产品与服务供给不断增加，市场主体创新业态不断迭出，户外运动离家更近了，门槛更低了，活动内容更丰富了，舒适性、娱乐性、社交性更强了，使得户外运动从征服大自然、挑战自我的小众运动逐步发展为贴近大自然、享受闲暇的大众休闲生活方式。2023年元旦，全国各地派发的体育消费券大受欢迎，露营、骑行、飞盘、陆冲、徒步等户外体育休闲成为人们外出度假或本地休闲的重要选择。

露营旅游休闲产业化、规范化。随着露营经济的发展，市场上出现了"营地+景区""营地+田园""营地+研学""营地+体育""营地+玩乐""营地+演艺"等模式。"露营+"在满足消费者近郊出游需求的同时，还链接了汽车、家具家电、食品、服饰以及户外电源等产业融合发展，露营的叠加消费效应显著。2021年中国露营经济核心市场规模达747.5亿元，同比增长62.5%；带动市场规模3812.3亿元，同比增长58.5%。预计2025年中国露营经济核心市场规模将上升至2483.2亿元，带动市场规模将达到14 402.8亿元[①]。当前，休闲露营地必将逐步成为中国休闲旅游的重要方式，从营地数量和服务质量上都将呈持续快速发展态势。为防范市场无序发展，文化和旅游部、发展改革委等14家部委联合印发《关于推动露营旅游休闲健康有序发展的指导意见》。意见将露营营地分为公共营地、经营性营地、露营旅游休闲功能区等类别，分类施策，部署优化规划布局、扩大服务供给、提升产品服务品质、加强标准引领、推动全产业链发展、规范管理经营、落实安全防范措施、加强宣传推广、引导文明露营等9项主要工作任务，提出明确职责分工、加强用地保障、提供资金支持、促进品牌协同、搭建行业平台、加强理论和人才支撑等6项保障措施，推动解决用地、资金、人才等发展政策痛点，更好更充分满足人民群众露营需求。国家标准《休闲露营地建设与服务规范——第5部分：露营公园》（GB/T 31710.5—2022）出台，规定了露营公园的生态环境、规划与选址、外部配套、内部交通、服务设施、基础设施和综合管理。该标准适用于露营公园的建设与服务。

飞盘运动竞技化、赛事化。飞盘以摆拍、时尚、社交出圈，从小众运动、潮流运动慢慢走入人们视野，成为大众运动项目。小红书飞盘项目在2021年10月仅有2家飞盘俱乐部，2022年就有超过400家、分布在全国将近100个城市的飞盘俱乐部加入小红书飞盘联盟。伴随飞盘井喷式流行，办赛组织方也在快速增加，且呈现出多元化。2023年，虽然飞盘运动整体热度有所减退，但赛

---

① 艾瑞咨询. 2021—2022年中国露营经济产业现状及消费行为数据研究报告［R/OL］.（2021-11-12）［2023-08-01］. https：//baijiahao.baidu.com/s?id=1716217955653425772&wfr=spider&for=pc.

事活动有所增加，当前已向着专业化、竞技化进阶。2023年，世界青年飞盘锦标赛、亚洲大洋洲飞盘锦标赛、世界沙滩飞盘锦标赛三项世界级赛事落户中国，促进了飞盘运动的国际交流，也吸引了更多国内外飞盘爱好者参与。全国各省市飞盘公开赛受到关注：北京飞盘公开赛组织了6个赛场、5个比赛日、220余场的赛事，共有120支队伍约2000人参赛；广西飞盘公开赛吸引了来自南宁、柳州、桂林以及广东湛江等地的39支代表队、约900名精英选手出战，与2022年广西飞盘公开赛相比，参赛选手的数量增长将近一倍；河南省飞盘公开赛吸引了来自全省各地的16支队伍500余名飞盘运动爱好者参赛。褪去"网红运动"的光环，飞盘依然很受真正喜爱运动的人士青睐。

民间体育赛事景观化、狂欢化。全民健身时代，体育休闲已经融入城乡居民的日常生活。诸如沈阳市北陵公园、北京市莲花池公园等市民公园、广场公共场所中热闹的群众文体活动场景令人印象深刻，也成为外来游客体验当地文化的重要景观。2023年，民间体育赛事频繁刷屏出圈，体育休闲在乡村中展现出的活力也体现了中国乡村居民休闲方式和生活方式的巨大变革。贵州省黔东南州台江县美丽乡村篮球赛、黔东南州榕江县和美乡村足球超级联赛和粤港澳大湾区（广东）龙舟邀请赛，充满民族风、乡土味、欢乐感，让本属于当地村民的体育休闲活动成为全国人民线上线下的狂欢。不管是篮球、足球，还是龙舟，都在当地具有广泛的群众基础。贵州"村BA""村超"完全由当地人民创建、组织、参与，"开放办赛""真实接地气""感召力强"的群众体育休闲活动在文化赋能下吸引了来自上海、广东、江西等全国各地的游客前往现场观看比赛，体验氛围。运动员踢得酣畅、村民看得开心、游客玩得尽兴、网友刷得过瘾，也带火了赛场周边夜经济聚集街。广东省更是引进龙舟俱乐部、露营基地，孵化特色龙舟民宿、龙舟文化广场等文旅项目，拓展从龙舟制作、赛事培训到文创研学的龙舟经济产业链，在开展龙舟赛时同时启动"文化和自然遗产日"广东主会场系列活动，全省各地同步开展了400多场非遗宣传展示活动，依托龙舟赛，民间艺术巡游、美食汇龙船宴、非遗市集同样人气火爆。

3.旅游休闲街区与商业综合体成为居民与游客购物娱乐的重要载体

艺术体验深度融入商业场景。随着休闲消费主力年轻化、个性化，休闲消费也呈现出新奇化、场景化、主题化的特征。年轻消费群体的消费理念不断由物质消费转向体验式消费。室内水族馆、动物园、乐园增加了商业购物中心的

娱乐性与观赏性，油画、木工、皮匠等动手DIY项目为消费者提供了更多的休闲可选项。当前，商业场景经过多次迭代，艺术跨界融入已经成为势不可挡的趋势。在城市更新、存量改造的背景下，商场竞相变身艺术与美学的创意空间，从简单直接的空间植入，到运营融合、与品牌融合，直至与整体场所观念融合，艺术展览、艺术装置、行为艺术在营造出更为文艺时尚的体验环境的同时，为商业场景赋予了更多文化内涵。将艺术博物馆搬入商场，北京市朝阳区侨福芳草地购物中心从西方超现实主义大师达利的博物馆引进大规模的顶级艺术藏品原作，置于整个商业空间；上海K11购物艺术中心把印象派大师莫奈特展搬进商业中心，并进行展览门票、传播策略、品牌联动以及PR活动等全方位的商品化，为消费者营造独特的看展与购物体验。科技＋艺术打造城市商业IP，大连熊洞街借助超级IP"熊北北"，以机械巨熊巡游、北北大街主题PARK、大熊座小酒馆、网红美食街区等潮流元素，为消费者打造科技化、艺术化的一站式休闲生活体验。突破艺术、文化、体验与消费的界限，北京市朝阳区SKP-S将独立封闭的展陈空间搬至商场公共区域，开展艺术营销，重塑了公共空间、品牌与消费者的相互关系；上海TX淮海|年轻力中心以社群文化生态为基础，以青年文化、电子乐派对等时尚先锋的生活方式为抓手，通过与品牌进行深度的"年轻力共创"把和大众接触的每个细节都做了"艺术化"处理，将商圈转化为传递多元文化与年轻生活方式的平台。

"悦己消费"带动商业街区业态更新。"悦己消费"是一种消费升级现象。消费者在消费过程中，表现出了对自我革新和变化的强烈需求，包括拓宽视野、兴趣爱好、自我提升、强身健体等方面的消费占比不断增加。在女性意识觉醒以及经济实力日益增强的趋势下，女性消费者的休闲活动选择也更加关照取悦自己。相比男性消费人群，女性消费者更加感性，注重品质与细节，愿意为场景与环境买单。在风景优美的环境中围炉煮茶，在颂钵的音乐声中放松身心……美妆、美容、美发、美甲、美体等传统美业仍是女性消费者日常休闲的重要组成，音疗、芳疗、插花、瑜伽、撸猫等心灵疗愈业态日渐进入城市女性消费者视野。和朋友一起享受惬意体验，成为越来越多女性消费者必不可少的休闲生活内容，氛围感、仪式感、放松、疗愈成为她们休闲生活分享的热词。女性消费者为了参加重要的聚会、活动、约会而精心装扮，外出休闲活动间接带动了美妆、服装、饰品的消费。成长于物质丰盈年代的Z世代也是悦己休闲的重要客群画像，"心不为物所役，身不为物所累"是Z世的消费导向，他们心中始终装着"诗和远方"，休闲放松体验式产品构成了庞大的休闲消费市场。深刻理解新时代女性消费者在转型期的身份变化，Z世代在传统与现代、理性与感性中的价值选择、情感归属以及这一群体由此内化到消费级市场上的理念、动机、偏好和行为，催生了集市、吸猫撸狗、花艺、香薰、溜冰、攀岩、互动戏剧和成人自我成长课程等产品，推动了脱口秀、换装体验馆、室内露营、付费自习室、特色书咖、轰趴馆、失恋博物馆、潮玩手办店、萌宠会馆、街舞工作室、睡眠管理中心等新业态在商场与街区中的更新。

4. 数字化场景丰富了大众居家休闲体验

"听"休闲，声音内容付费习惯逐渐养成。做家务时听有声书，开车时听电台，洗澡时听音乐，睡觉时听助眠白噪声……与"声"有关的休闲活动已经广泛融入大众的日常生活场景，休闲时间与家务劳动时间、交通通勤时间、生理活动时间交叠在一起得以延长，"听"休闲缓解了众多传统意义上的非休闲时间的无趣与枯燥。近些年来，随着小宇宙、喜马拉雅、荔枝、蜻蜓FM等播客App对生活场景的全方位渗透，在线音频等新业态的一路高歌猛进，音频消费者的用户规模不断攀升，也使得网络音频行业的市场规模、用户规模和企业数量都呈现出爆发态势，"耳朵经济"市场规模也进一步扩大。与短视频相比较，在收看收听状态上，人们在收听播客时更为随意自然；在内容表达上，播客更加生活化，也更注重自我表达，给听众一种亲切感，更容易建立播客与听众之间的连接。《2020中文播客听众与消费调研》显示，播客的主要中国听众年龄为22~35岁，主要是生活在北上广深及其他新一线城市的高学历单身人士[1]。这类人群注重品质调性、生活趣味，关注新鲜事物，与短视频3秒上划的无意识状态相比，动辄1小时的播客反而能够带给他们当下极力追求的"松弛感"，与刻意学习的功利性知识付费相比，播客相对松散的个性化知识表达，让听众感觉更为舒适。据播客搜索引擎Listen Notes数据，截至2022年7月，中文播客约有4.7万档，而2019年仅有2000档。播客重度用户（周均收听5小时以上的用户）人群规模越来越大，从2020年的21.6%上升至2022年的35.6%，整

---

[1] PodFest China. 中文播客听众与消费调研［R/OL］.［2023-08-01］. https：//podfestchina.com/portfolio/podcast-audience-report/.

体收听时长从 2020 年的人均每周 3.9 小时上涨至 2022 年的 4.1 小时①。《大内密谈》等头部播客获得数百万元的天使投资，资本的青睐使得头部播客节目开始走上商业化道路。除了头部个人播客节目的成功实践之外，播客也成了各大品牌商除公众号、短视频平台之外需要铺设的媒体渠道之一，来自科技、医药、金融等领域的头部企业，如飞书、辉瑞、巴斯夫、华泰证券等，都开始通过播客这一媒介，将一些专业的行业知识融入音频内容里。《2021—2022 年中国声音经济数字化应用发展趋势报告》显示，2022 年可以算作播客商业化元年，中国声音经济产业市场规模达 3816.6 亿元，预计 2023 年将超过 5100 亿元②。

看直播，文化与商业双向赋能。近年来，网络直播行业呈现爆发式增长，观看网络（购物）直播成为一种大众居家休闲的普遍选择。观看网络直播休闲的动机主要包括满足好奇心、娱乐消遣、社交互动、获取知识技能等，直播休闲消费主要体现为对主播进行打赏、在直播间进行购物等，消费意愿与主播的个人魅力、直播内容、互动情况等方面有关。伴随着大众审美品位的提升与精神需求的增加，网络直播也从单纯的"颜值经济"向文化赋能多元发展。在"内容+渠道"的合作模式中，文化艺术类直播间持续高热。山西省与文化类直播团队东方甄选合作，开展专场直播活动。活动不仅包括山西特产、山西博物院文创产品的直播带货，还增设了旅游直播专场，非遗技艺传承人参与直播现场表演，直播团队深度推介山西文化。直播活动 6 天期间，带货 100 多款山西好物，总销售额近 1.3 亿元，"山西行"话题共登上抖音热搜榜超过 20 次，"东方甄选山西行"话题播放量接近 2 亿，全网短视频播放量超过 6 亿次，山西专场直播成为全网关注的现象级事件③。直播间化身虚拟的商业综合体，线上直播提供了文化学习+产品购买+非遗观赏+古迹探访的多元互动复合场景，满足了人们放松消遣、购物、知识获取等多种需求，丰富了直播用户的购物体验，提升了购物直播的商业价值，也使得线上用户成为山西省游客线下到访的流量来源。除了购物直播，因突破物理时空限制，具有高效、便捷、经济等特点的演艺直播也成为大众居家直播休闲的偏爱。刘德华 B 站播出的《十七岁》演唱

---

① 陈默.短视频之后，终于轮到播客开挂了［EB/OL］.（2022-9-15）［2023-08-01］.https：//m.thepaper.cn/baijiahao_19915013.
② 艾媒咨询丨2022 年中国声音经济数字化应用发展趋势报告［EB/OL］.（2023-2-22）［2023-08-01］.https：//report.iimedia.cn/repo3-0/43319.html?acPlatCode=IIMReport&acFrom=recomBar&iimediaId=91828.
③ 郝薇.山西，又一次惊艳全国——"东方甄选山西行"直播活动综述［N/OL］.山西经济日报，（2023-2-22）［2023-08-01］.

会观看量突破 3.5 亿人次，线上直播观演新形态成为各大平台与演艺公司在数字时代对未来舞台的探索。《关于推进实施国家文化数字化战略的意见》提出，发展数字化文化消费新场景，大力发展线上线下一体化、在线在场相结合的数字化文化新体验。政策利好为演出产业发展带来新机遇。借助平台的流量优势，非遗、戏曲、音乐、艺术、传统文化等内容持续展现活力，并吸引了更多文艺爱好者加入。以短视频、直播为代表的新的传播形式给传统戏曲文化带来新的生机，一方面，传统戏曲文化得到了广泛的传播，引发更多年轻观众的关注，另一方面，则让传统戏曲演员的收入有所提升，帮助戏曲从业者打造出新舞台。文化＋商业＋直播对城市、企业来说是数字时代营销的重要手段，对大众来说也是优质内容的供给，不仅撬动了线下文化消费，也提升了大众的休闲质量，带动了文化普惠，助力经典传承。

二、时间都去哪儿了——休闲时间

本报告针对中国城镇居民、农村居民及退休居民三类人员展开研究，通过中国旅游研究院自主网络问卷调查平台获取数据，调查内容主要包括休闲时间、休闲空间以及休闲内容三个方面，最终收集到来自北京、上海、广州、成都、西安、长沙、沈阳、武汉、南京、杭州十个城市的5957份问卷数据，其中城镇居民问卷4944份、农村居民问卷801份、退休居民问卷212份。考虑到存在大量农村居民进城务工的现象，本报告主要依据受访者从事的行业对其进行划分，而非户口状况，即将从事第一产业（农、林、牧、渔）的受访者划分为农村居民，从事第二、三产业的受访者划分为城镇居民，其余的为退休居民。此外，由于中国居民在不同时间段的休闲特征存在明显的差异，本报告将城镇居民的休闲分为工作日休闲、周末休闲和节假日休闲三类，将农村居民的休闲分为农忙时休闲、农闲时休闲两类，退休居民休闲不作区分。

（一）国民休闲时间总体特征

考虑到中国城镇居民、农村居民和退休居民在休闲时间和内容上可能存在较大差异，本报告分别对三类人员的休闲时间进行考察，并将居民一天24小时的时间分成五部分：工作时间、交通时间、休闲时间、生理活动时间、无偿劳动时间。

整体上，中国居民休闲时间呈上升趋势。从每日平均休闲时间来看，2022年，中国城镇居民、农村居民及退休居民每日平均休闲时间分别为4.43小时、4.14小时、5.66小时，到了2023年，这一数值分别上升到6.69小时、4.82小时、6.48小时，涨幅依次为51.02%、16.43%、14.55%（见图2-1）。相应地，在年度平均总休闲时长方面，中国城镇居民、农村居民及退休居民的年度平均总休闲时长分别从2022年的1522.4小时、1511.1小时、2065.9小时增长到2023年的2440.4小时、1758.8小时、2366.4小时，增幅依次为60.30%、16.39%、

14.55%（见图2-2）。就发展趋势而言，中国城镇居民和退休居民的休闲时间将会进一步增加，但涨幅不大；随着农村居民休闲意识的增强，其休闲时间将会持续增长，增长速度和空间将远大于城镇居民和退休居民。

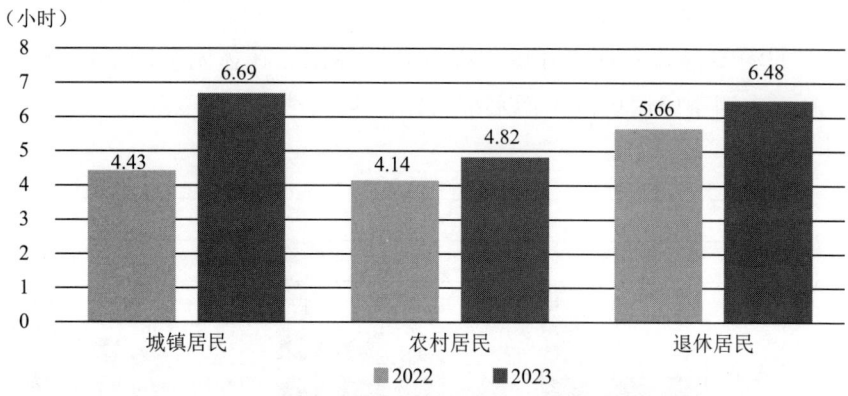

图2-1　2022—2023年中国居民每日平均休闲时间对比

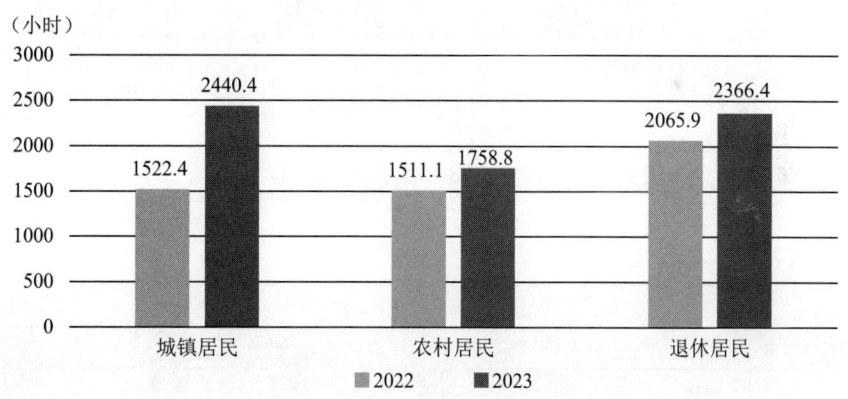

图2-2　2022—2023年中国居民年度平均总休闲时间对比

1.城镇居民：休闲时间大幅提升，开始在全天时间中占据主导地位

从时间变化趋势来看，城镇居民休闲时间较之前大幅提升。2019—2023年，城镇居民在工作日、周末及节假日的每日平均休闲时间均逐步增长，尤其在2023年有较大幅的提升，反映城镇居民的休闲意识已经充分觉醒，注重通过休闲活动提升生活品质（见图2-3）。

从时间分配来看，2023年休闲在城镇居民的日常生活中已经开始占据主导地位。在工作日，休闲成为城镇居民在有偿工作后的首要选择，而且每日平均休闲时间仅比工作时间少 1.11 个小时；在周末和节假日，休闲时间则在城镇居民一天的时间分配中位列第一，占据主导地位（见图 2-4）。2023 年是疫情结束后的第一年，也是人们从"生存"回归"生活"的一年。从我国对疫情实施"乙类乙管"后，人们的生活开始重启，三年疫情积攒的对"人间烟火"和"诗与远方"的渴望得以实现，开始"报复式"休闲，在休闲活动上花费了较多时间，同时也表明中国居民的生活水平已经产生了"质"的飞跃。

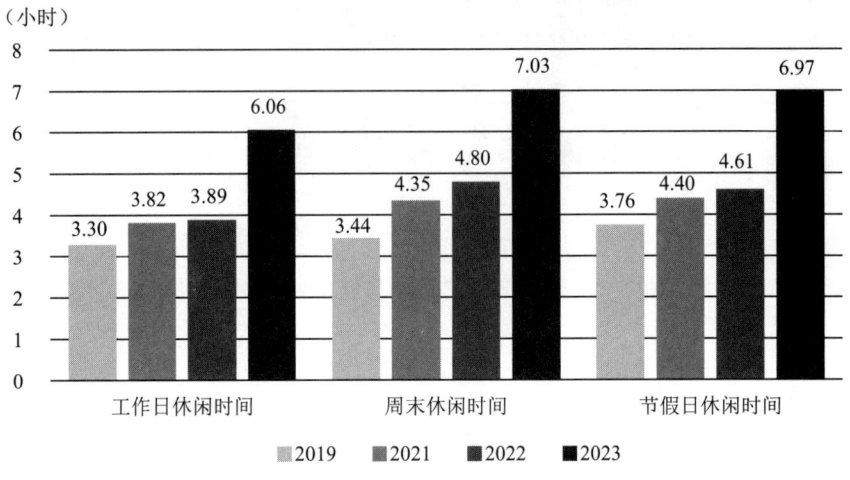

图 2-3　2019—2023 年城镇居民休闲时间对比①

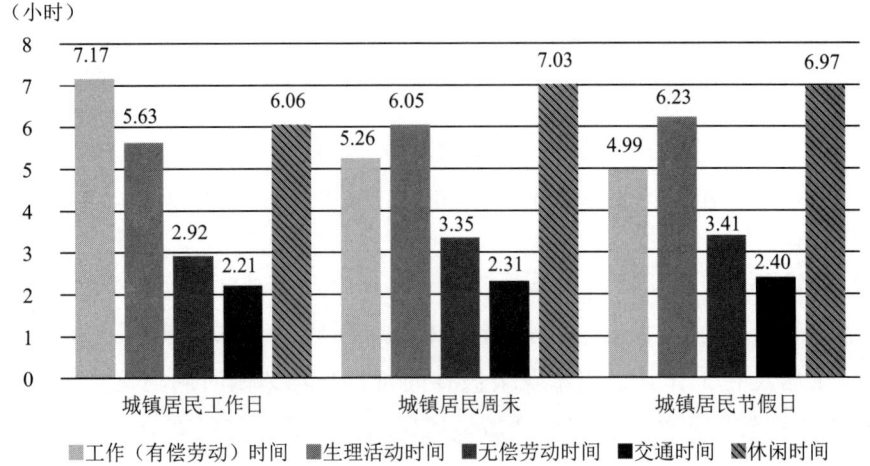

图 2-4　2023 年城镇居民时间分配情况

---

①　2020 年疫情发生，问卷做了特殊设计，暂无法做年度对比。

二、时间都去哪儿了——休闲时间
Part 2 Where has all the time gone—Leisure Time

工作日休闲时间。2023年，城镇居民在工作日的休闲时间达到了每日6.06小时，较2022年增长了2.17小时，增长率为55.78%（见图2-5）。而工作时间、生理活动时间、无偿劳动时间、交通时间均有所下降，较2022年分别减少了0.07小时、1.41小时、0.58小时、0.12小时，其中，生理活动时间下降最为明显，减幅为20.03%。城镇居民休闲时间的增加一方面源于工作效率提升、交通快速发展，花费在有偿劳动、无偿劳动以及交通上面的时间减少，另一方面源于对个人吃饭、睡觉等生理活动时间的挤压。

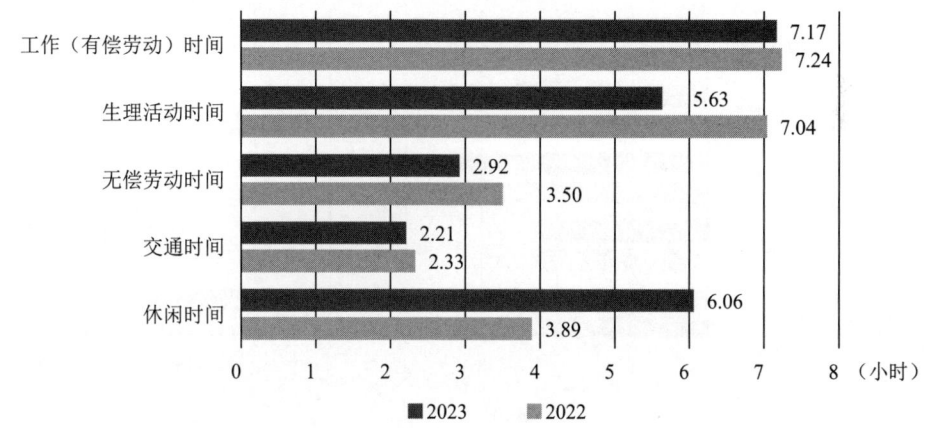

图2-5 2022—2023年城镇居民工作日时间分配情况

周末休闲时间。横向来看，2023年，城镇居民在周末的休闲时间最多，为每日7.03小时，较2022年增长了2.23小时，增长率为46.46%（见图2-6）。这一变化趋势表明中国城镇居民在周末有近三成的时间用于开展休闲活动，周末休闲已常态化，这有效推动了本地休闲和近程出游的快速发展。此外，工作时间也有所增加，从2022年的每日4.91小时增长到2023年的每日5.26小时，增长了7.13%。而生理活动时间、无偿劳动时间、交通时间均有所减少，分别从2022年的每日7.31小时、4.63小时、2.34小时减少到2023年的每日6.05小时、3.35小时、2.31小时，依次减少了17.24%、27.65%、1.28%，其中无偿劳动时间变化趋势最为显著，反映城镇居民通过压缩无偿劳动、生理活动等时间，提高休闲时间和工作时间。

节假日休闲时间。与2022年相比，2023年城镇居民在节假日的休闲时间变化较大，从2022年的每日4.61小时增长到2023年的每日6.97小时，增长了 2.36 小时，涨幅为 51.19%（见图 2-7）。同样呈上升趋势的还有工作时间和交通时间，分别为每日 4.99 小时、2.40 小时，较 2022 年分别增长了 0.26 小时、0.02 小时。另外，生理活动时间、无偿劳动时间均显著下降，分别从 2022 年的每日 7.54 小时、4.73 小时下降到 2023 年的每日 6.23 小时、3.41 小时，依次下降了 1.31 小时、1.32 小时。与周末相比，2023 年城镇居民在节假日的休闲时间大体持平，但工作时间有所下降，交通时间略有增加，在一定程度上反映了城镇居民倾向于在节假日开展远程休闲活动。

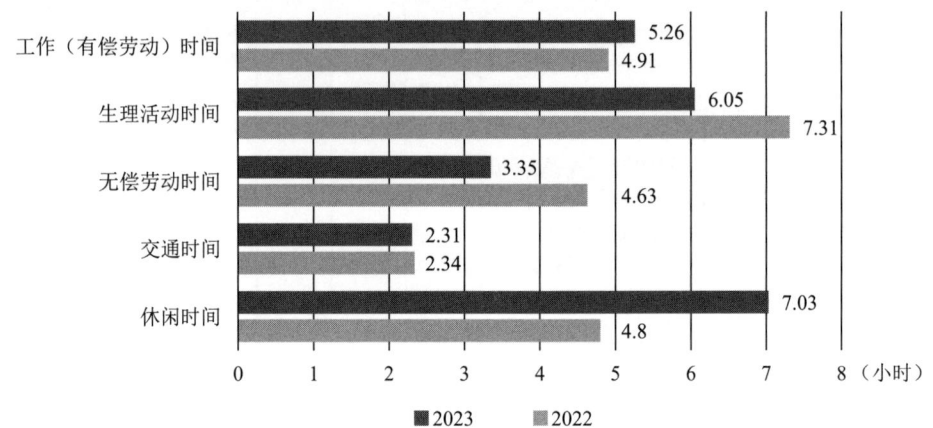

图 2-6 2022—2023 年城镇居民周末时间分配情况

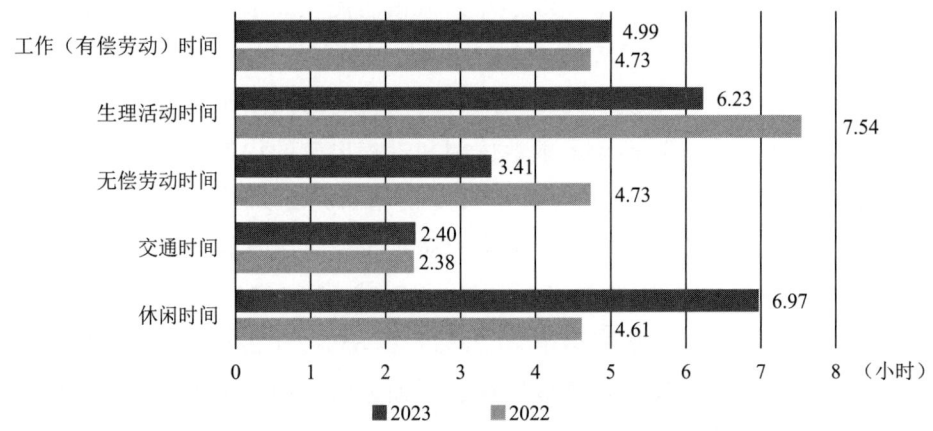

图 2-7 2022—2023 年城镇居民节假日时间分配情况

二、时间都去哪儿了——休闲时间
Part 2　Where has all the time gone—Leisure Time

2.农村居民：休闲时间整体保持上升趋势，农忙农闲休闲时间逐渐趋同

与城镇居民不同，农村居民的务农时间具有季节性和周期性，主要围绕农时而波动，但在同一周期内的波动规律不明显，所以不能以工作日、周末、节假日来划分农村居民的时间分配，而应该以农忙时节和农闲时节两个大的周期类型来划分。

从时间变化趋势来看，农村居民休闲时间整体呈上升趋势。2019年，农村居民的休闲时间仅有每日3.14小时，到了2023年，这一数值增长到每日4.82小时，增加了1.68小时，增幅为53.50%（见图2-8）。即使在疫情期间，农村居民的休闲时间也在4小时以上，其中2021年为每日4.36小时，2022年为每日4.14小时。随着乡村振兴战略的深入推进，农村基础设施建设水平、产业兴旺程度、整体面貌及治理能力等都有了较大幅度的提升，农村居民的生活水平得到了飞跃性的提高，休闲意识不断增强，越来越倾向于将更多的时间分配到休闲娱乐活动上，以此提高生活质量。

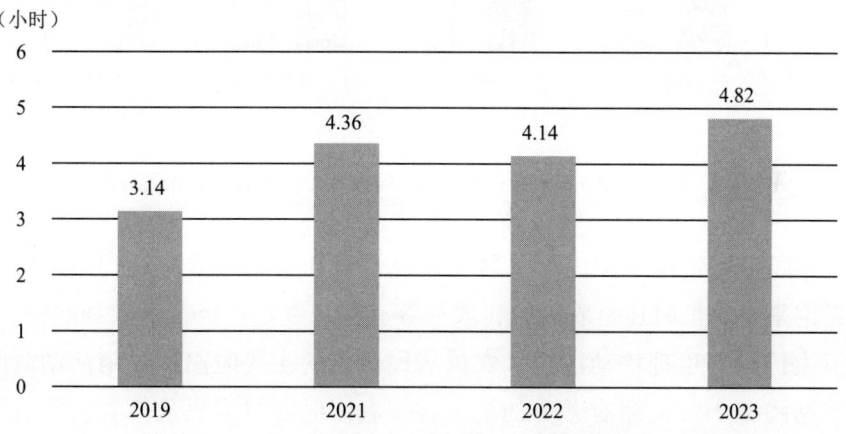

图2-8　2019—2023年农村居民休闲时间对比

此外，在农村居民休闲时间不断提高的同时，我们也注意到农村居民的休闲时间不再随农忙和农闲时节呈周期性波动，而是逐渐趋同。2017—2019年，农村居民在农忙时和农闲时的休闲时间波动较大，其基本规律是农闲时要比农忙时多出一个小时以上的休闲时间，其中，2017年农闲时休闲时间比农忙时休闲时间多1.76小时，2019年农闲时休闲时间比农忙时休闲时间多1.38小时（见图2-9）。到了2022年，该规律出现逆转，农忙时的休闲时间要比农闲时的休闲时间多，2023年亦是如此。但是，无论该规律如何变化，农忙时和农闲时的休闲时间差异逐渐缩小的趋势极为明显，意味着农村居民的休闲时间不再随农忙和农闲时节呈周期性波动，而是日益趋同。这可能是因为随着科学技术的迅猛发展，农业生产机械化水平大幅提升，农村居民在农忙时与农闲时投入有偿劳作的时间差距日渐缩小，分配到休闲活动的时间也逐渐趋于一致。

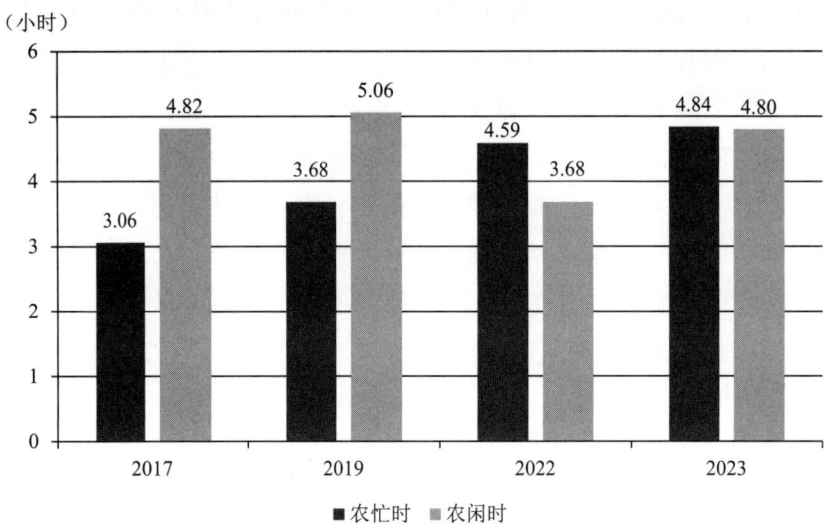

图2-9 2017—2019年部分年份农村居民农忙时和农闲时休闲时间对比

从时间分配情况来看，农村居民在农忙时和农闲时的时间利用结构差异不大。无论是在农忙时还是农闲时，农活等有偿家庭生产经营活动和吃饭、睡觉、个人卫生护理等生理活动占据了农村居民全天的主要时间，休闲活动时间位居第三（见图2-10）。略有差异的地方在于农闲时农村居民从事农活等有偿家庭生产经营活动的时间较农忙时有所减少，而吃饭、睡觉、个人卫生护理等生理活动占用的时间有所增加，但变化幅度较小。此外，花费在照料孩子/老人、陪孩子学习、家务劳动、看病就医等无偿劳动上的时间接近3.9小时，交通时间也仅在2小时左右。这说明农活等有偿家庭生产经营活动和生理活动仍然是制约农村居民休闲时间提高的主要因素。

二、时间都去哪儿了——休闲时间
Part 2 Where has all the time gone—Leisure Time

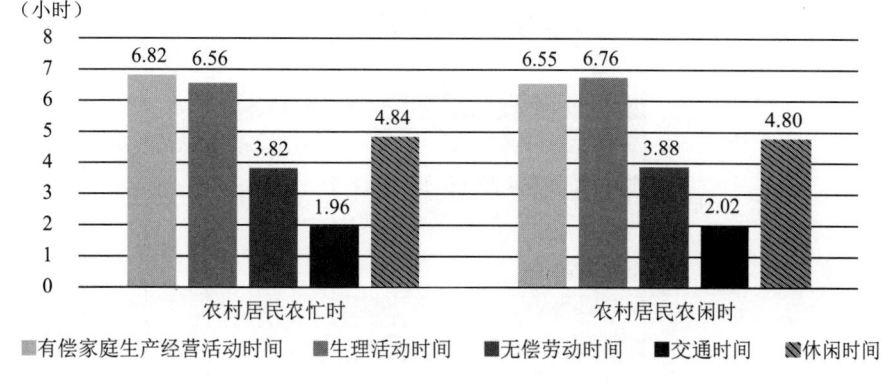

图 2-10 2023 年农村居民时间分配情况

从与 2022 年的比较结果来看，2023 年，中国农村居民在农忙时和农闲时的休闲时间都有一定程度的增长，其中在农闲时的增长趋势最为明显（见图 2-11、图 2-12）。在农忙时，农村居民的休闲时间从 2022 年的每日 4.59 小时增长到 2023 年的每日 4.84 小时，增长了 0.25 小时，增长率为 5.45%。在农闲时，农村居民的休闲时间从 2022 年的每日 3.68 小时增长到 2023 年的每日 4.80 小时，增长了 1.12 小时，增长率为 30.43%。还有一个值得关注的地方是：较 2022 年，2023 年农村居民在农忙时和农闲时的交通时间均有所减少，其中在农忙时减少了 1.13 小时，在农闲时减少了 0.19 小时。其原因可能是：一方面，农村交通条件不断改善，农村居民出行效率进一步提高；另一方面，农村文化娱乐、体育健身等休闲服务设施更加完善，农村居民在居住地附近即可开展相关休闲活动。

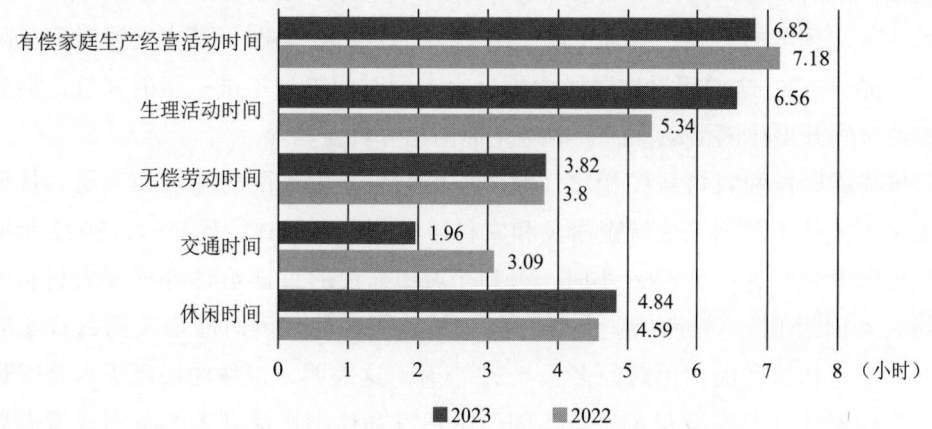

图 2-11 2022—2023 年农村居民农忙时间分配情况

31

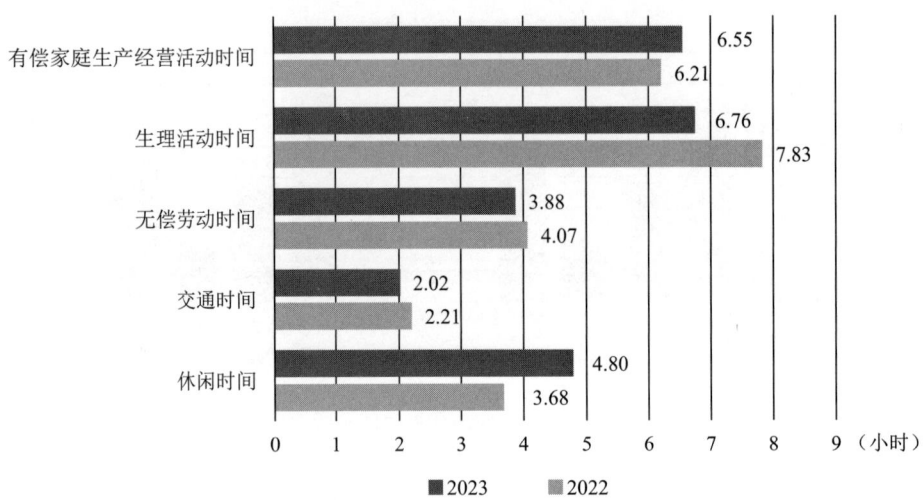

图 2-12　2022—2023 年农村居民农闲时间分配情况

3. 退休居民：休闲时间进一步增长，但已落后于城镇居民

从时间变化趋势来看，退休居民的休闲时间进一步增长，从 2022 年的每日 5.66 小时增长到 2023 年的每日 6.48 小时，增长了 0.82 小时，增幅为 14.49%（见图 2-13）。从时间分配情况来看，2023 年，个人卫生护理、吃饭、睡觉等生理活动时间在退休居民全天时间中占比最大，达 8.17 小时，较 2022 年增加了 1.04 小时，其次为休闲时间。照料孩子、看病就医、家务劳动等无偿劳动时间在退休居民全天时间中占 4.45 小时，较 2022 年减少了 0.25 小时，但仍然是制约退休居民休闲时间提高的主要因素。退休居民的有偿劳动时间、交通时间较 2022 年均有一定程度的下降，分别下降了 0.79 小时、0.82 小时，其中交通时间下降到了 1.63 小时。这说明退休居民的可自由支配时间得到了进一步的释放，拥有更多的时间开展休闲活动，而且本地化休闲趋势日益明显。

与城镇居民和农村居民相比，退休居民的可自由支配时间较为充足，从理论上来讲其休闲时间要比城镇居民和农村居民充裕。调查结果显示，2022 年退休居民休闲时间达每日 5.66 小时，远高于城镇居民的每日 4.43 小时和农村居民的每日 4.14 小时。然而，到了 2023 年，城镇居民的休闲时间增长到每日 6.69 小时，比退休居民的休闲时间多了 0.21 小时。这表明，退休居民已不再是"最有闲"的群体，政府及相关企业休闲设施建设和休闲产品开发要更多地考虑城镇居民。

二、时间都去哪儿了——休闲时间
Part 2 Where has all the time gone—Leisure Time

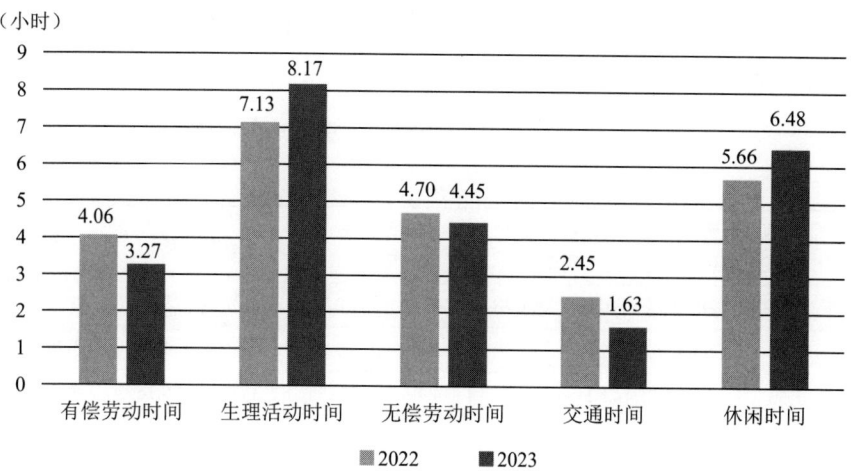

图2-13　2022—2023年退休居民时间分配情况

4.各大城市休闲时间普遍提升，北京、杭州、武汉、长沙、沈阳、上海等比较突出

鉴于农村居民农忙时和农闲时休闲时间差异较小，本报告在之后的分析中不再将农村居民的休闲时间划分为农忙时休闲和农闲时休闲。

整体上，本报告选择的十个案例城市居民的休闲时间呈现上升趋势。2022—2023年，北京、上海、广州等十个城市的城镇居民在工作日、周末及节假日的每日平均休闲时间均有增加（见表2-1）。其中，杭州2023年变化最为明显，其城镇居民在工作日、周末及节假日的每日平均休闲时间较2022年分别增加了3.16小时、3.52小时、3.49小时；武汉的变化也较为突出，其城镇居民在工作日、周末及节假日的每日平均休闲时间较2022年也增加了3小时以上。农村居民的每日平均休闲时间除西安、南京下降之外，其他城市均有所增加；退休居民的每日平均休闲时间除成都、沈阳、武汉、南京之外，其他城市均有所增加。

就2023年而言，北京、杭州、武汉、长沙、沈阳、上海等城市居民的休闲时间较为充裕。在工作日，这6个城市城镇居民的每日平均休闲时间均在6小时以上，其中武汉位列第一，达7.21小时；在周末和节假日，这6个城市城镇居民的每日平均休闲时间均在7小时以上，其中杭州均位列第一，分别达8.18小时、8.14小时。此外，这6个城市农村居民的每日平均休闲时间均在5小时以上，其中北京位列第一，达6.54小时。在退休居民方面，上海、北京、广州、西安、长沙、南京 6 个城市退休居民的每日平均休闲时间均超过了 6 小时，其中，上海位居第一，达 10 小时。

表 2-1　2022—2023 年不同城市居民休闲时间对比

单位：小时

城市	城镇居民工作日		城镇居民周末		城镇居民节假日		农村居民		退休居民	
	2022	2023	2022	2023	2022	2023	2022	2023	2022	2023
北京	4.11	6.83	5.25	7.82	5.2	7.75	4.43	6.54	5.75	7.50
上海	3.53	6.03	4.52	7.43	4.49	7.53	3.60	5.16	4.80	10.0
广州	3.45	5.45	4.35	6.47	4.56	6.20	4.00	4.91	3.35	6.60
成都	4.44	4.89	5.19	5.74	5.19	5.66	3.72	4.42	5.41	5.40
西安	3.85	5.40	4.45	5.92	4.27	5.87	3.99	3.35	5.00	7.67
长沙	3.80	6.65	4.25	7.47	4.13	7.55	4.75	6.15	5.00	6.30
沈阳	4.95	6.92	6.13	7.81	4.59	7.51	4.09	5.44	7.21	5.71
武汉	3.85	7.21	4.59	7.68	4.56	7.61	3.65	5.65	5.48	4.92
南京	3.91	4.78	4.77	5.52	4.75	5.61	4.46	3.51	7.86	7.61
杭州	3.19	6.35	4.66	8.18	4.65	8.14	3.49	6.40	4.89	5.35

（二）不同属性城镇居民休闲时间特征

鉴于不同性别、年龄、学历、收入城镇居民在工作日、周末、节假日的休闲时间可能存在显著不同，本报告接下来将分别对不同属性城镇居民的休闲时间特征进行分析。

1. 性别：男性城镇居民休闲时间多于女性，休闲差距逐渐扩大

从时间变化趋势来看，男性城镇居民在工作日的休闲时间整体上多于女性，并且这一差距在逐渐扩大。2021 年，男性城镇居民在工作日的休闲时间基本上与女性持平，其中男性为每日 3.84 小时，女性为每日 3.79 小时，男性仅比女性多 0.05 小时（见图 2-14）。到了 2022 年，男女城镇居民在工作日的休闲时间出现逆转，女性的休闲时间比男性多了 0.27 小时，二者之间的休闲时间差距开始突显。2023 年，男性城镇居民在工作日的休闲时间又开始多于女性，为每日 6.34 小时，女性为每日 5.76 小时，二者之间相差了 0.58 小时，差距进一步扩大。但无论如何，男女城镇居民在工作日的休闲时间整体上都在增加，其中男性的休闲时间变化幅度较大，呈现先减后增的趋势，女性的休闲时间则持续增长。

这说明中国城镇居民在工作日的休闲时间较以前更加充裕，但受传统家庭观念的影响，女性需要承担更多的家务劳动，致使其工作日休闲时间低于男性。

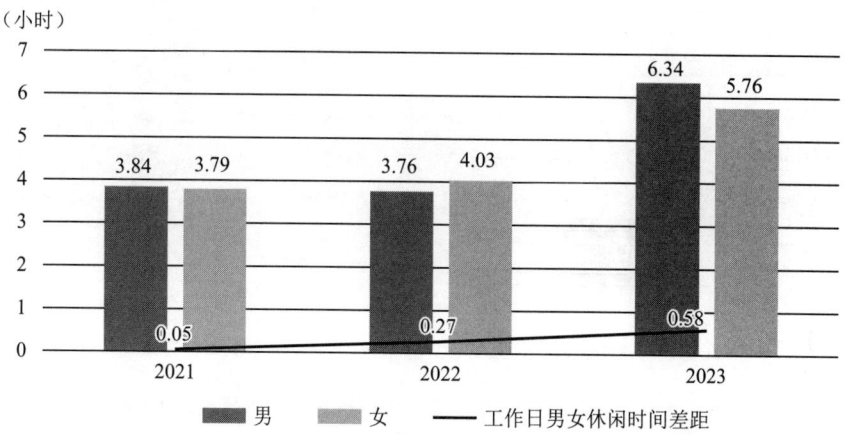

图 2-14　2021—2023 年不同性别城镇居民工作日休闲时间对比

2023 年，周末男性城镇居民的休闲时间为每日 7.37 小时，女性为每日 6.63 小时，男性比女性多了 0.74 小时（见图 2-15）。值得关注的是：2021—2023 年，男女城镇居民的节假日休闲时间均持续上升，男性上升趋势更为明显，但是，2021—2022 年男性的休闲时间均低于女性；到了 2023 年，男性的休闲时间反超女性，二者之间的休闲时间差距增至最大值。这可能是因为：在疫情期间，男性居家办公的时间增长，帮助女性分担了较多的家务劳动，而在疫情管控结束后，又恢复到之前的工作模式，家务劳动又更多地落在了女性的肩上，限制了女性休闲时间的增长。

2023 年，节假日男女城镇居民的休闲时间差距最大。男性在节假日的休闲时间为每日 7.37 小时，女性为每日 6.51 小时，二者之间的休闲时间相差 0.86 小时，比工作日和周末要大（见图 2-16）。纵向对比来看，2021—2023 年，男女城镇居民的休闲时间均逐步增加，其中，男性增幅最为显著。2021 年，男性城镇居民在节假日的休闲时间为每日 4.32 小时，女性为每日 4.48 小时，二者相差了 0.16 小时。到了 2022 年，男女城镇居民在节假日的休闲时间持平，均为每日 4.61 小时。但在 2023 年，男性城镇居民在节假日的休闲时间开始超过女性，高出女性 0.86 小时，这意味着男性在节假日能够比女性从事类型更为丰富、范围更广的休闲活动。

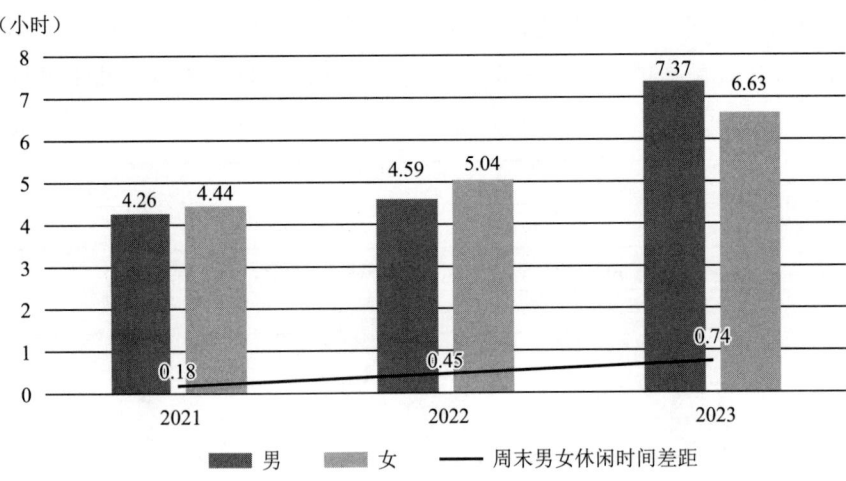

图 2-15 2021—2023 年不同性别城镇居民周末休闲时间对比

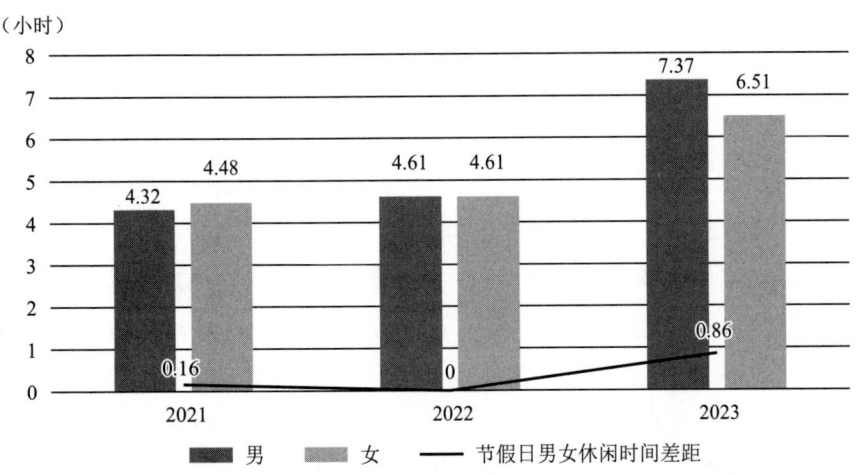

图 2-16 2021—2023 年不同性别城镇居民节假日休闲时间对比

2.年龄：各年龄段城镇居民的休闲时间大幅提升，随年龄变化呈"U形"波动

相较于 2022 年，2023 年各年龄段城镇居民的工作日休闲时间基本上有较大幅度的提升（见图 2-17）。其中，30~44 岁城镇居民的休闲时间波动最大，其工作日休闲时间从每日 3.54 小时上升到每日 6.18 小时，增加了 2.64 小时，增幅为 74.58%。该年龄段的城镇居民家庭、事业都处于上升期，内有家人需要照料，外有事业需要拼搏，疫情期间，在人们的出行受到限制、整体经济形势下

二、时间都去哪儿了——休闲时间
Part 2 Where has all the time gone—Leisure Time

滑的情况下，他们需要花费更多的时间在照顾家人和奋斗事业上，因此休闲时间较少，而在疫情管控结束后，经济形势逐渐好转，人们的生活状态恢复如常，如孩子可以正常上学，人们的休闲时间得到了有效释放。60岁及以上城镇居民的休闲时间波动位列第二，其工作日休闲时间从每日3.80小时上升到每日6.28小时，增加了2.48小时，增幅为65.26%。同时，该年龄段城镇居民的工作日休闲时间在所有年龄段人群中也是最多的。60岁及以上城镇居民可用于开展休闲活动的可自由支配时间较为充分，疫情解封后，他们可正常开展各种户外休闲活动。

15~29岁城镇居民的休闲时间波动位列第三，但与60岁及以上的城镇居民相差不大，其工作日休闲时间从每日3.78小时上升到每日6.21小时，增加了2.43小时，增幅为64.29%。疫情期间，该年龄段的城镇居民居家学习或办公的时间增多，容易产生焦虑、抑郁、无聊、抱怨等负面情绪，对休闲、旅游的渴望程度较深，疫情解封后，很有可能随时随地来一场"说走就走的旅行"。45~59岁城镇居民的休闲时间波动最小，其休闲时间从每日4.78小时上升到每日5.41小时，增加了0.63小时，增幅为13.18%。该年龄段的城镇居民正处于事业稳定期，子女已基本成年，工作和家庭压力相对较小，心态也较为平和，对大千世界和新鲜事物的好奇程度不如年轻人那般深厚，因此他们在疫情期间的休闲时间最多，在疫情结束后休闲时间变化也不是很大。整体上，随着年龄的增长，城镇居民的工作日休闲时间大体呈"U形"波动。

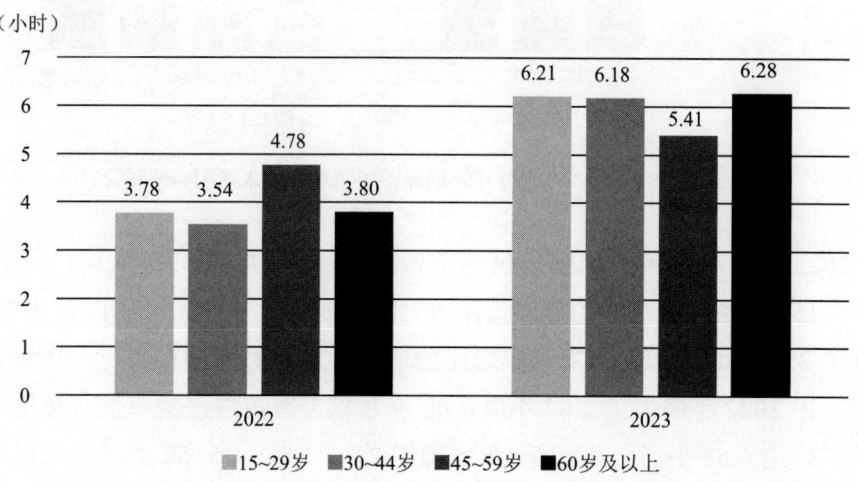

图2-17 2022—2023年不同年龄城镇居民工作日休闲时间对比

纵向来看，2023年不同年龄城镇居民的周末休闲时间较2022年均有一定程度的增长。其中，60岁及以上城镇居民的休闲时间增幅最大，从每日4.03小时增长到每日6.74小时，增加了2.71小时，增幅为67.25%；其次为30~44岁的城镇居民，其周末休闲时间从每日4.41小时增长到每日7.35小时，增加了2.94小时，增幅为66.67%；15~29岁城镇居民的周末休闲时间也有较大程度的增长，从每日4.92小时增长到每日7.41小时，增加了2.49小时，增幅为50.61%；45~59岁城镇居民的周末休闲时间增加较少，从每日5.68小时增长到每日6.07小时，增加了0.39小时，增幅为6.87%（见图2-18）。横向来看，2023年各年龄段城镇居民的周末休闲时间均在6小时以上，其中，15~29岁城镇居民的周末休闲时间最多，其次为30~44岁的城镇居民，45~59岁城镇居民的周末休闲时间最少。整体上，随着年龄的增长，城镇居民的周末休闲时间大体呈"U形"波动，但相较于工作日，各年龄段城镇居民的周末休闲时间更加充足。

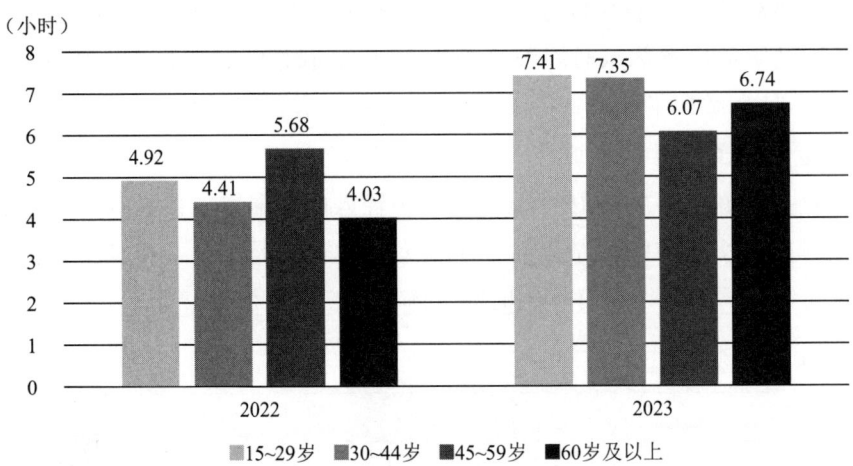

图2-18 2022—2023年不同年龄城镇居民周末休闲时间对比

2023年，不同年龄城镇居民的节假日休闲时间比2022年多了1~3小时。其中，15~29岁城镇居民的节假日休闲时间最多，达每日7.54小时，比2022年增加了2.58小时；30~44岁城镇居民的节假日休闲时间排在第二，达每日7.24小时，比2022年增加了2.87小时；60岁及以上城镇居民的节假日休闲时间位居第三，达6.68小时，比2022年增加了2.70小时；45~59岁城镇居民的节假日休闲时间最少，为每日5.81小时，比2022年增加了1.11小时（见图2-19）。

与周末相比，除15~29岁城镇居民的节假日休闲时间增加了0.13小时外，其他年龄段城镇居民的节假日休闲时间都有一定程度的下降。其中，30~44岁城镇居民的节假日休闲时间下降了0.11小时，45~59岁城镇居民的节假日休闲时间下降了0.26小时，60岁及以上城镇居民的节假日休闲时间下降了0.06小时。整体上，随着年龄的增长，城镇居民的节假日休闲时间大体呈"U形"波动，但趋势比工作日和周末更为明显。

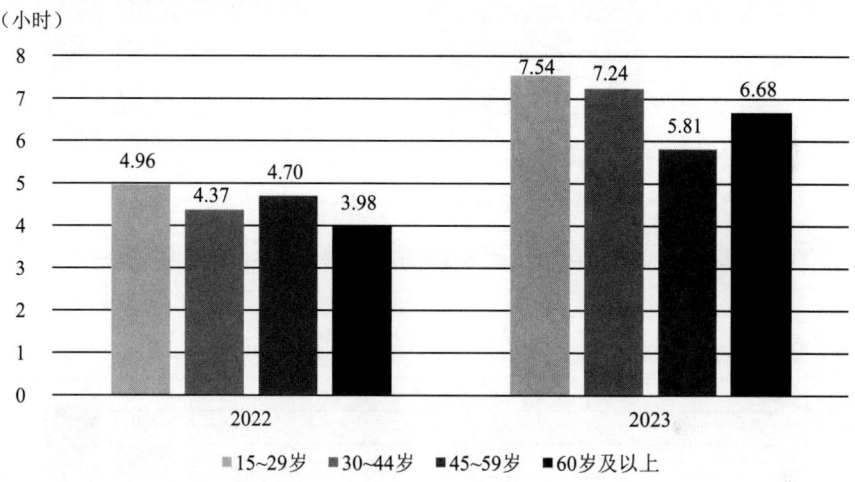

图2-19 2022—2023年不同年龄城镇居民节假日休闲时间对比

3.学历：城镇居民工作日休闲时间随学历提高呈"U形"波动，周末和节假日休闲时间随学历提升而逐渐增加

2023年，城镇居民的工作日休闲时间随学历提高呈"U形"波动。其中，拥有研究生学历的城镇居民在工作日的休闲时间最长，达每日7.18小时；拥有小学及以下学历的城镇居民在工作日的休闲时间次之，为每日6.36小时；拥有大学学历的城镇居民在工作日的休闲时间最短，为每日6.04小时（见图2-20）。与2022年相比，2023年不同学历城镇居民的工作日休闲时间大幅增长。在2022年，拥有小学及以下、中学、大学、研究生学历的城镇居民在工作日的休闲时间分别为每日4.38小时、4.54小时、3.75小时、3.76小时，而到了2023年，这组数值分别增长了47.03%、40.09%、61.07%、90.96%。

在周末，从小学及以下学历到研究生学历，城镇居民的休闲时间依次为每日6.23小时、6.67小时、7.00小时、8.26小时，较2022年的每日4.40小时、5.42

小时、4.69 小时、4.47 小时依次增长了 84.79%、49.25%、23.06%、41.59%（见图 2-21）。

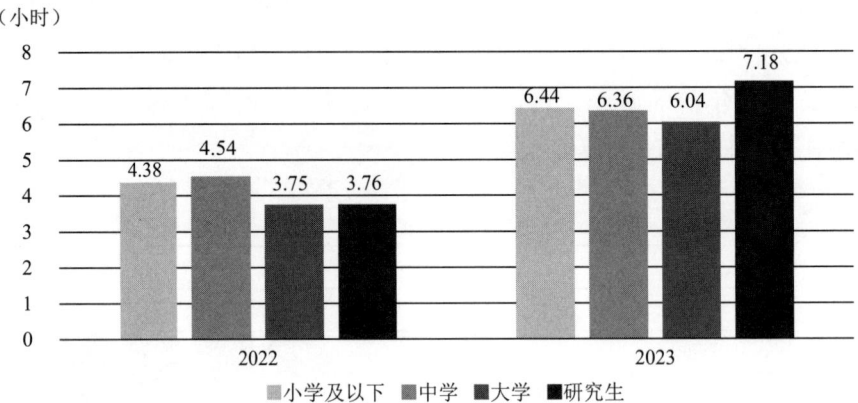

图 2-20　2022—2023 年不同学历城镇居民工作日休闲时间对比

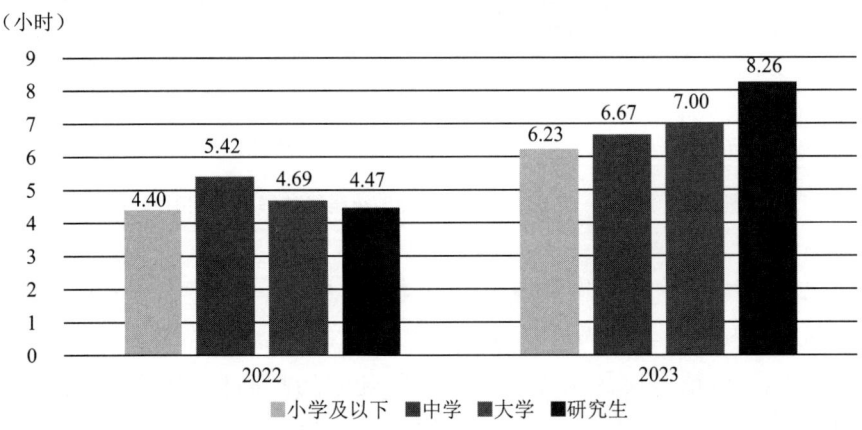

图 2-21　2022—2023 年不同学历城镇居民周末休闲时间对比

在 2023 年节假日，从小学及以下学历到研究生学历，城镇居民的休闲时间依次为每日 6.40 小时、6.78 小时、6.90 小时、7.93 小时，较 2022 年的每日 5.0 小时、4.26 小时、4.64 小时、4.35 小时依次增长了 28.0%、59.15%、48.71%、82.30%（见图 2-22）。横向比较来看，小学及以下学历的城镇居民在工作日拥有更多的休闲时间；中学学历的城镇居民在节假日拥有更多的休闲时间；大学学历和研究生学历的城镇居民在周末拥有更多的休闲时间。总之，城镇居民的工作日休闲时间随学历提高呈"U形"波动，学历最低和最高的群体休闲时间

二、时间都去哪儿了——休闲时间
Part 2 Where has all the time gone—Leisure Time

更加充裕；而周末和节假日休闲时间则随学历提升而逐渐增加，学历越高休闲时间越多。

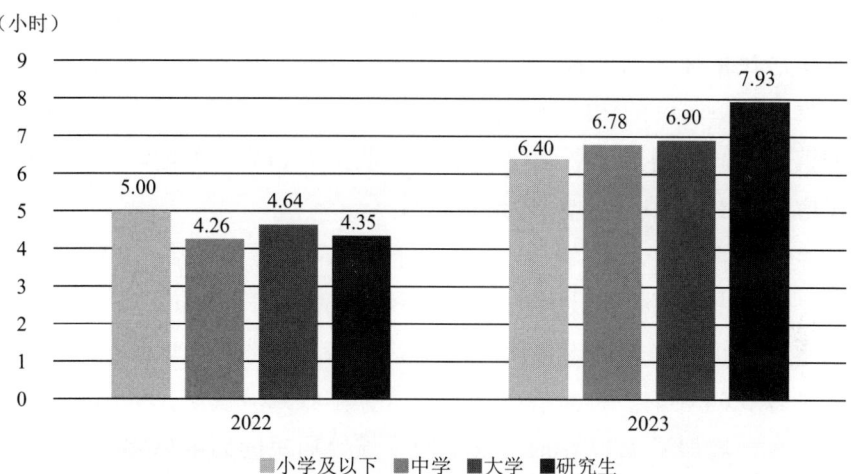

图 2-22 2022—2023 年不同学历城镇居民节假日休闲时间对比

4. 收入：城镇居民工作日休闲时间随收入增长呈现先减少后增加的趋势，周末和节假日休闲时间随收入增长而逐渐上升

为了更好地呈现不同收入群体之间的休闲时间特征，本报告将城镇居民月收入大致分为低、中、高三个等级，5000元以下为低收入，5001~10 000元为中收入，10 001元及以上为高收入。

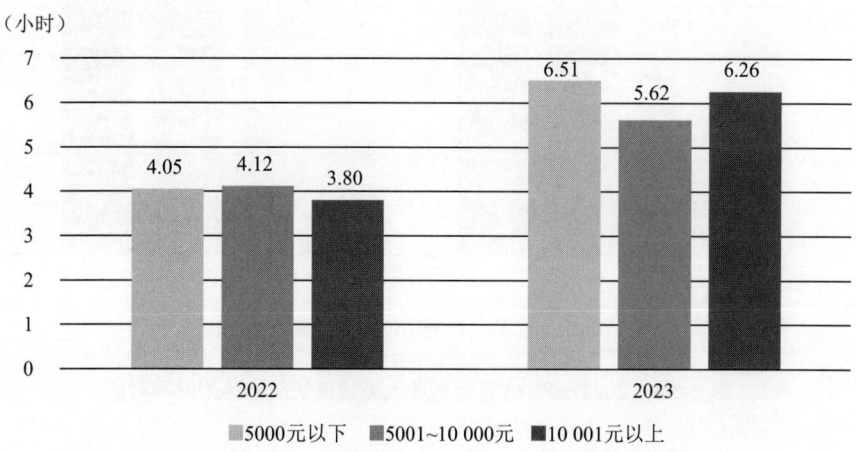

图 2-23 2022—2023 年不同收入城镇居民工作日休闲时间对比

从 2023 年的调查数据来看，随着收入的增长，城镇居民工作日休闲时间呈现先减少后增加的趋势。如图 2-23 所示，低收入城镇居民的休闲时间最多，为每日 6.51 小时；高收入城镇居民的休闲时间为每日 6.26 小时，排列第二；中收入城镇居民的休闲时间最少，为每日 5.62 小时。纵向对比来看，2023 年低、中、高收入城镇居民的休闲时间较 2022 年均有较大程度的提升。其中，低、高收入城镇居民同时增加了 2.46 小时，但高收入城镇居民的波动更大；中收入城镇居民增加了 1.50 小时，增幅为 36.41%。

随着收入的增加，城镇居民的周末休闲时间也逐渐增多。2023 年，高收入城镇居民的周末休闲时间最为充足，达每日 7.60 小时，比工作日多了 1.34 小时；低、中收入城镇居民的周末休闲时间相差无几，即中收入城镇居民略比低收入城镇居民多 0.04 小时，但是较工作日而言，中收入城镇居民的周末休闲时间增长幅度更大，增加了 1.37 小时，而低收入城镇居民的周末休闲时间仅比工作日增加了 0.44 小时（见图 2-23、图 2-24）。与 2022 年相比，2023 年低、中、高收入城镇居民的休闲时间均有较大程度的增长，分别增加了 2.57 小时、1.66 小时、2.46 小时，增幅分别为 58.60%、31.17%、47.86%。

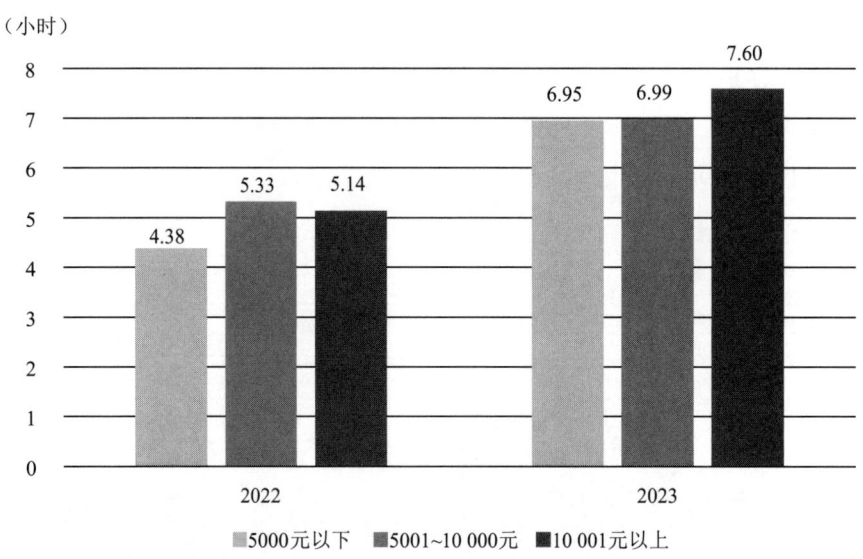

图 2-24　2022—2023 年不同收入城镇居民周末休闲时间对比

城镇居民节假日休闲时间随收入增长而提升的趋势较周末更为明显。如图 2-25 所示，2022 年和 2023 年，城镇居民的休闲时间均随着收入的增长而提升。

2022年，低、中、高收入城镇居民的休闲时间依次为每日4.37小时、4.89小时、5.15小时，到了2023年，低、中、高收入城镇居民的休闲时间进一步提升，依次增长至每日6.80小时、7.01小时、7.51小时，分别增长了2.43小时、2.12小时、2.36小时，增幅分别为55.56%、43.35%、45.83%。与工作日和周末相比，低收入城镇居民的节假日休闲时间波动较小；中收入城镇居民的节假日休闲时间与周末相差不大，但较工作日提升了许多；高收入城镇居民在不同时期的休闲时间均占首位，周末和节假日休闲时间更加充足。

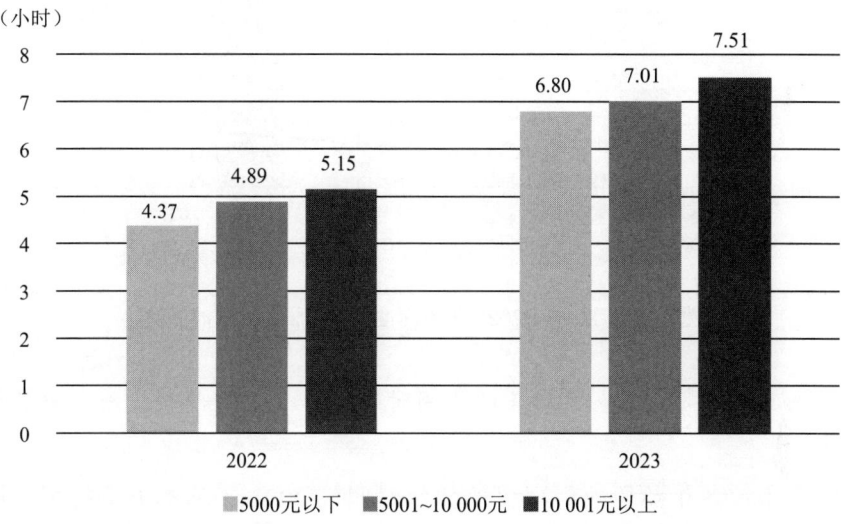

图 2-25　2022—2023 年不同收入城镇居民节假日休闲时间对比

（三）不同属性农村居民休闲时间特征

鉴于不同性别、年龄、学历、收入农村居民的休闲时间可能存在显著不同，本报告接下来将分别对不同属性农村居民的休闲时间特征进行分析。

1. 性别：男性农村居民休闲时间大幅增长，女性农村居民休闲时间小幅波动

整体上，不同性别农村居民休闲时间较2022年有所增长，其中，男性农村居民休闲时间大幅增长，女性农村居民休闲时间小幅波动。2022年，男性农村居民休闲时间为每日3.90小时，女性为每日4.28小时，到了2023年，这两个数值分别增长到5.44小时和4.49小时，其中男性增长了1.54小时，增幅为39.49%，女性增长了0.21小时，增幅为4.91%（见图2-26）。此外，不同性别

农村居民之间的休闲时间差距也在逐渐增大。2022—2023年，农村男女居民之间的休闲时间差距从0.38小时增长到了0.95小时。

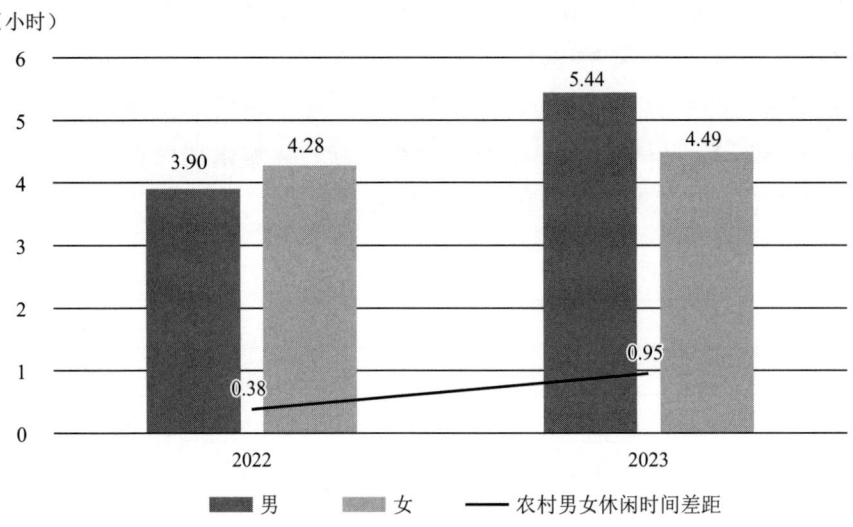

图2-26　2022—2023年不同性别农村居民休闲时间对比

2. 年龄：各年龄段农村居民的休闲时间整体呈上升趋势，随年龄变化的波动逐渐增大

2023年，各年龄段农村居民的休闲时间较2022年基本上保持了增长的趋势。如图2-27所示，除45~59岁的农村居民外，其他年龄段农村居民的休闲时间较2022年均有较大程度的增加。其中，15~29岁农村居民的休闲时间从每日4.10小时增加到每日5.74小时，增加了1.64小时，增幅为40.05%；30~44岁农村居民的休闲时间从每日4.16小时增加到每日5.58小时，增加了1.42小时，增幅为34.13%，该年龄段的农村居民在2023年的休闲时间在所有年龄段中排列第二；60岁及以上农村居民的休闲时间从每日3.74小时增加到每日4.65小时，增加了0.91小时，增幅为24.33%；而45~59岁农村居民的休闲时间从每日4.22小时下降到每日3.71小时，减少了0.51小时。

就2023年而言，15~29岁农村居民的休闲时间在所有年龄段中位列第一，接着是30~44岁的农村居民，45~59岁农村居民的休闲时间最少，且与其他年龄段的农村居民相差较大。与城镇居民相比，45~59岁农村居民的休闲意识较为落后，除了忙碌于各种农事生产外，还要照顾孩子或比自己年龄更大的家人，导致其休闲时间较少。此外，不同年龄段农村居民的休闲时间差异较 2022 年进一步增大。这可能是因为：疫情期间，农村居民的出行受到限制，各年龄段农村居民的休闲范围和内容相对一致，而疫情放开后较为年轻和较为年老的农村居民休闲范围得到扩大，休闲时间差异逐渐明显。

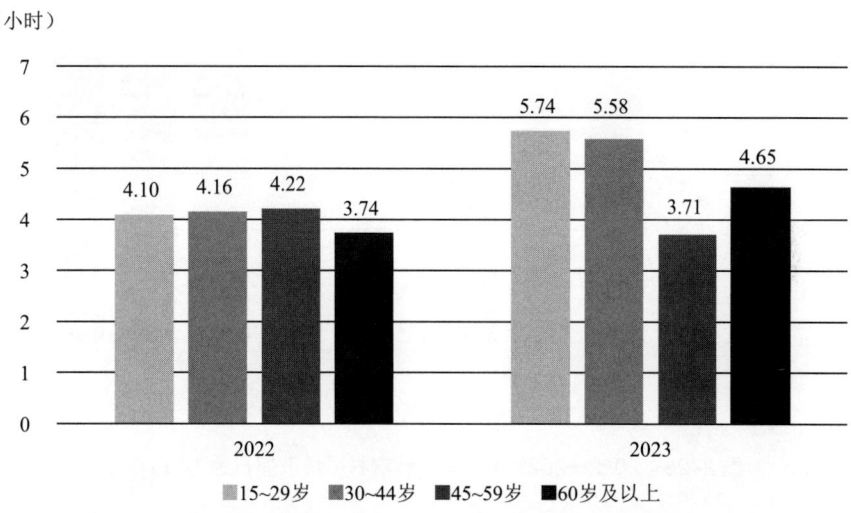

图 2-27　2022—2023 年不同年龄农村居民节假日休闲时间对比

3. 学历：农村居民休闲时间随学历提高而逐渐增加

2023 年，农村居民的休闲时间呈现随学历提高而逐渐增加的波动特征。具体表现在，从小学及以下学历到研究生学历，农村居民的休闲时间依次为每日 3.78 小时、4.84 小时、4.95 小时、5.33 小时（见图 2-28）。其中，拥有中学学历和大学学历的农村居民的休闲时间相差不大，拥有研究生学历和小学及以下学历的农村居民的休闲时间差异较大。与 2022 年相比，拥有中学学历、大学学历、研究生学历的农村居民的休闲时间均有所增加，其中拥有研究生学历的农村居民的休闲时间变化波动最大。值得注意的是，拥有小学及以下学历的农村居民的休闲时间较 2022 年减少了 0.57 个小时。在 2022 年，农村居民的休闲时间基本呈现随学历提高而减少的特征，这与 2023 年截然相反。这可能是因为：疫情期间，农村居民休闲活动范围受限，高学历群体主要从事非农业生产工作，居家办公时间较长，挤占了休闲时间；而低学历群体主要从事农业生产工作，在疫情的影响下，他们的居家休闲时间反而增多了。到了 2023 年，疫情管控放宽后，农村居民的日常生活恢复正常，高学历者可以涉足更为广阔的户外，休闲时间增加；而低学历者又投入了到了忙碌的农业生产当中，休闲时间减少。

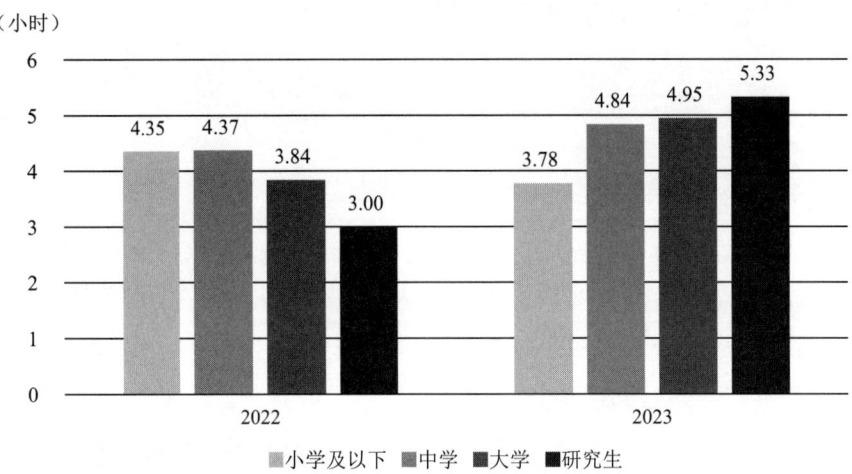

图 2-28 2022—2023 年不同学历农村居民节假日休闲时间对比

4. 收入：农村居民休闲时间随收入增加而增加，高收入群体波动较大

本报告同样将农村居民年收入划分为低、中、高三个等级，5000 元以下为低收入，5001~15 000 元为中收入，15 001 元以上为高收入。调查结果显示：2023 年，随着收入的增加，农村居民的休闲时间也在逐渐增加，低、中、高收入农村居民的休闲时间分别为每日 4.76 小时、4.79 小时、7.70 小时（见图 2-29）。可以发现，当农村居民从低收入群体晋升至中收入群体时，其休闲时间仅有微弱的变化，仅增加了 0.03 小时，但是当从中收入群体晋升至高收入群体时，其休闲时间大幅提升，增加了 2.91 小时。通过纵向对比发现，不同收入农村居民的休闲时间较 2022 年进一步增长，其中，低、中收入农村居民分别增加了 1.12 小时、0.50 小时，但是高收入农村居民增加了 4.41 小时，波动较大。这可能是因为：一方面，机械化农业生产水平的提升使得农村居民有了更多闲暇时间；另一方面，高收入农村居民经济条件较好，疫情结束后，更有实力开展范围更广、类型和内容更加丰富的休闲活动。

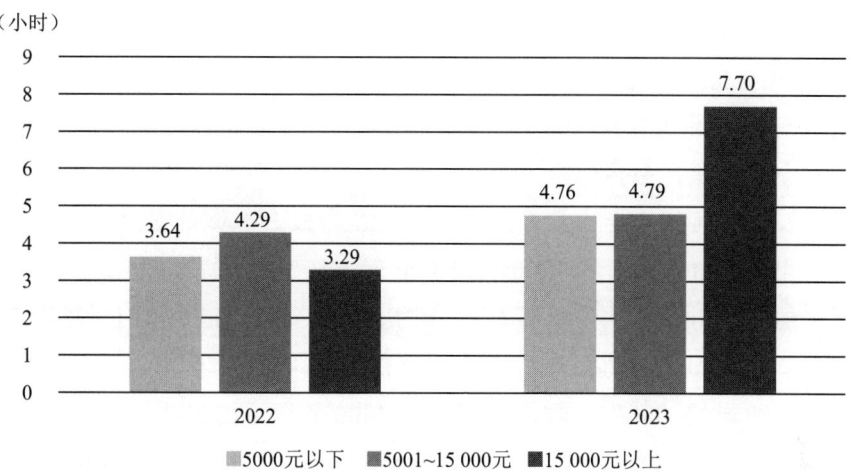

图 2-29　2022—2023 年不同收入农村居民休闲时间对比

（四）不同属性退休居民休闲时间特征

本报告接下来将分别对不同性别、收入退休居民的休闲时间特征进行分析。

1. 性别：男性退休居民休闲时间多于女性，休闲时间差距开始扩大

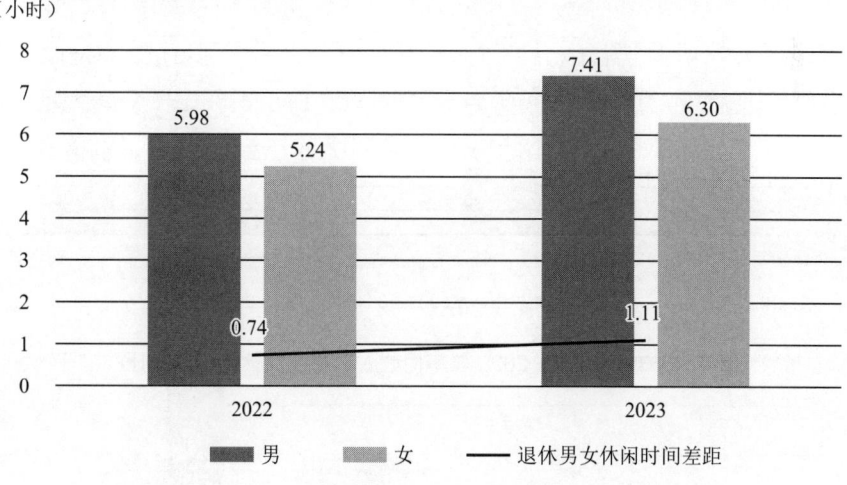

图 2-30　2022—2023 年不同性别退休居民休闲时间对比

2022—2023 年，不同性别退休居民的休闲时间均有较大程度的提升。其中，男性从 2022 年的每日 5.98 小时上升到 2023 年的每日 7.41 小时，增加了 1.43 小时；女性从 2022 年的每日 5.24 小时上升到 2023 年的每日 6.30 小时，

增加了1.06小时（见图2-30）。从休闲时间差异来看，2022年男女退休居民休闲时间相差0.74小时，2023年该数值上涨到1.11小时，表明男性退休居民正日益拥有比女性退休居民更多的休闲时间，这可能是因为女性退休居民需要在家照料小孩和承担更多的家务劳动。

2. 收入：不同收入退休居民的休闲时间差异较小，但均有一定程度的增长

2023年，5000元以下、5001~10 000元、10 001元及以上3个收入区间的退休居民的休闲时间依次为每日6.55小时、6.62小时、6.48小时（见图2-31），彼此之间差异较小。但值得注意的是，与2022年相比，不同收入退休居民的休闲时间均有所增加。其中，收入区间位于5000元以下的退休居民的休闲时间波动最大，增加了1.24个小时；收入区间位于5001~10 000元、10 001元及以上的退休居民的休闲时间依次增加了0.17个小时、0.69个小时。由此可见，收入因素在非疫情期间对退休居民休闲时间的影响并不大。

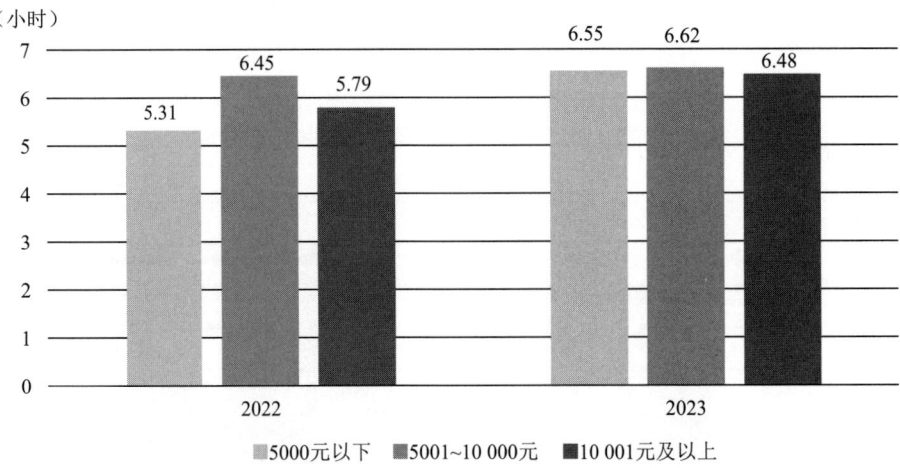

图2-31　2022—2023年不同收入退休居民休闲时间对比

三、诗有多近，远方有多远——休闲空间

对于休闲空间的研究不仅有利于了解居民的休闲空间需求，更重要的是能够为政府布局休闲产业和企业打造休闲业态提供重要参考。本报告将我国居民休闲空间划分为居家休闲、1千米以内、1~2千米、2~3千米、3~5千米、5~7千米、7千米以上七个范围。此外，鉴于城镇居民、农村居民、退休人员的休闲空间范围可能存在差异，本报告将分别对他们进行考察和分析。

（一）国民休闲空间总体特征

整体上，我国居民近地化休闲特征比较明显，3千米以内区域构成了国民从事休闲活动的主要空间范围（见图3-1）。调查结果显示，83.64%的城镇居民、90.82%的农村居民、91.30%的退休居民选择在3千米范围以内开展休闲活动。其中城镇居民中有六成选择在1~3千米范围内休闲，农村居民、退休居民选择在1千米以内休闲、1~3千米范围内休闲的人数占比基本持平，均在45%左右。此外，在距家3千米以上空间范围内开展休闲活动的城乡居民占比整体上呈现随距离增加而不断递减的规律，城镇居民选择在3千米以上空间范围休闲的人数占比高于农村居民与退休居民。城镇居民、退休居民选择在7千米以上空间范围休闲的人数占比高于农村居民，具体有1.97%的城镇居民、0.76%的农村居民、2.12%的退休居民选择在7千米以上空间范围休闲。与城镇居民相比，农村居民、退休居民近地化休闲特征更为明显。

与2022年相比，2023年近地化休闲的主要特征没有发生变化，在3千米空间范围内休闲的人数占比均在83%左右（见图3-1、图3-2）。城镇居民在7千米以上远距离休闲的人数占比较2022年有所上升，由0.70%上升至1.97%，同比增加1.27%。农村居民选择在3千米空间范围内休闲的人数占比有所变化，休闲半径较2022年有所扩展。在1千米内休闲的人数占比由51.51%下降至42.26%，而选择在1~3千米空间范围内休闲的人数占比由40.14%上升至

48.57%。退休居民休闲活动范围有所扩展，选择在 1 千米空间范围内休闲的人数占比由 47.06% 下降至 43.95%，选择在 7 千米以上空间范围休闲的人数占比由 0.41% 上升至 2.12%。

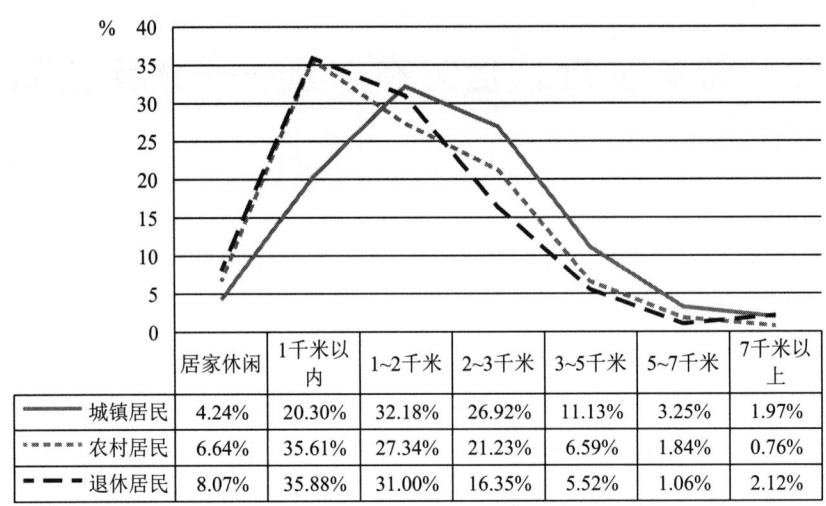

图 3-1　2023 年中国居民休闲空间总体特征

1. 城镇居民：近地化休闲特征明显，"家门口的好去处"备受青睐

近年来，随着"15 分钟生活圈"在各地落地实施，社区图书馆、口袋公园等基础配套设施不断完善，城镇居民"家门口的好去处"日益增加，提升了城镇居民在 1~2 千米范围内实现"一站式"休闲活动的可能性，休闲生活品质不断提升。

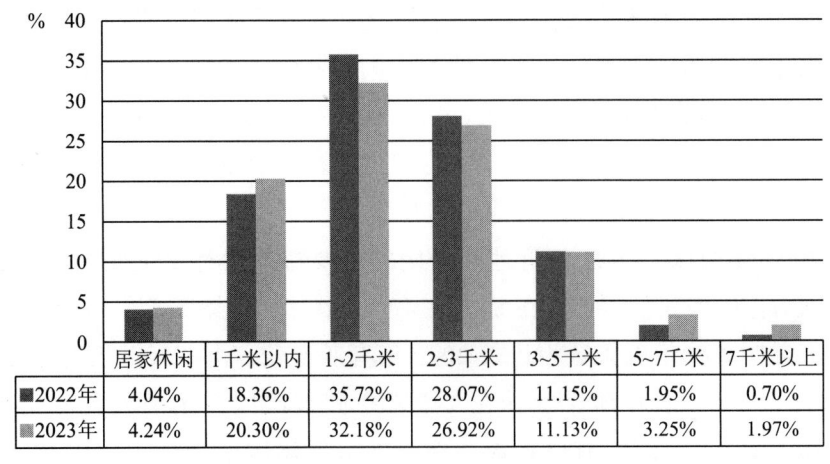

图 3-2　2022—2023 年城镇居民休闲半径对比

三、诗有多近,远方有多远——休闲空间
Part 3 How close is poetry, how far is the distance——Leisure Distance

如图3-2所示,2023年城镇居民的休闲半径以1~3千米空间范围为主,占比为59.10%。城镇居民休闲半径选择在1~2千米范围内的人数最多,占被访群体的32.18%;其次为2~3千米范围内、1千米以内,分别占比26.92%、20.30%。3千米以上范围呈现出选择人数逐渐递减趋势,选择在7千米以上范围休闲的人数较少,仅占被访群体的1.97%。

与2022年相比,2023年城镇居民选择在3千米以上中远距离范围开展休闲活动的人数占比有所增加,其中以休闲半径在7千米以上的人数占比涨幅最快,由0.70%增加至1.97%;其次为在5~7千米范围内休闲的人群,占比由1.95%增加至3.25%。选择在3千米以内开展休闲活动的城镇居民休闲半径进一步缩小,居家休闲及在1千米范围内休闲的人数占比小幅增加,在1~3千米半径内休闲的人数占比小幅下降。

2.农村居民:主要选择1千米范围内就地休闲

随着党的十八大报告提出"促进生产空间集约高效、生活空间宜居适度、生态空间山清水秀"的要求,农村地区开始了生产空间、生活空间、生态空间"三生一体"的发展转型。以人为本的生活空间营造、文化体育等休闲公共服务均等化的加速推进,都为农村居民增加了更多近距离、高品质的休闲空间。

调查结果显示(见图3-3),2023年农村居民的休闲半径以3千米以内空间范围为主,所占比例为90.82%。农村居民选择在1千米范围内休闲的人数最多,占被访群体的35.61%;其次为1~2千米范围内、2~3千米范围内,分别占比27.34%、21.23%。选择在5~7千米、7千米以上范围休闲的人数较少,仅占被访群体的1.84%和0.76%。

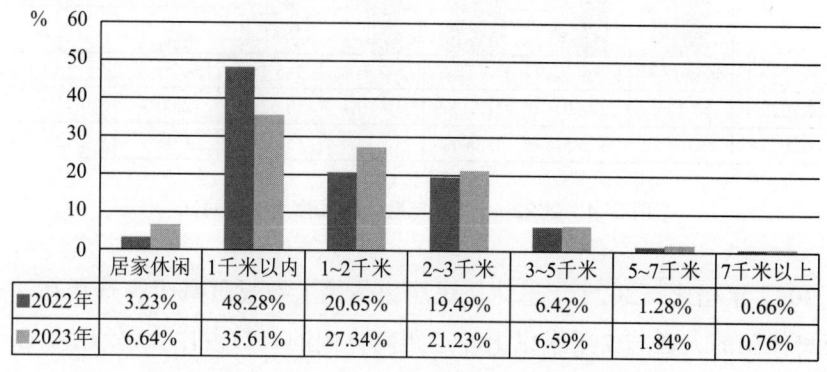

图3-3 2022—2023年农村居民休闲半径对比

与 2022 年相比，2023 年农村居民休闲半径有所扩大。受到生活方式的惯性影响，仍有 6.64% 的居民偏好居家休闲，较 2022 年的 3.23% 有所增加。以距离居住地 3 千米为界划分，选择在 3 千米以内休闲的人数占比结构有所变化，3 千米以上休闲人数占比基本维持不变。具体来说，选择在 1 千米以内近距离范围进行休闲活动的人数占比大幅下降，由 48.28% 下降至 35.61%；选择在 1~2 千米范围内休闲的人数占比有所上升，由 20.65% 上升至 27.34%；选择在 2~3 千米范围内休闲的人数占比小幅上升，由 19.49% 上升至 21.23%。

3. 退休居民：以 3 千米范围内近距离休闲为主

2023 年，退休居民的休闲半径以 3 千米以内空间范围为主，所占比例为 91.30%。其中选择在 1 千米范围内的人数最多，占被访群体的 35.88%；其次为 1~2 千米范围内、2~3 千米范围内，分别占比 31.00%、16.35%（见图 3-4）。选择在 3 千米以上范围休闲的人数呈现先降后升趋势；选择在 5~7 千米以上范围休闲的人数较少，仅占被访群体的 1.06%；选择在 7 千米以上休闲的人数占比 2.12%。

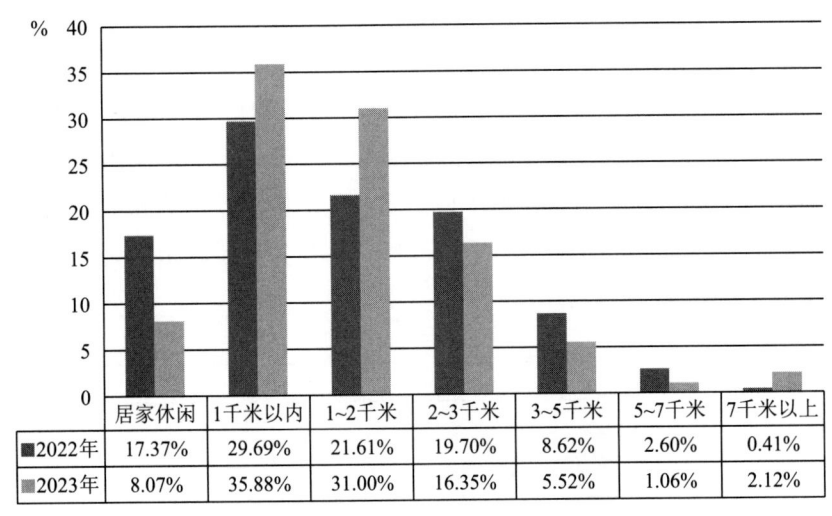

图 3-4　2022—2023 年退休居民休闲半径对比

与 2022 年相比，2023 年退休居民居家休闲人数显著减少，选择在 2 千米以内近距离休闲的人数与 7 千米以上较远距离休闲的人数占比大幅增加，2~7 千米中远距离休闲人数占比小幅下降。具体来说，退休居民居家休闲占比下降了 9.3 个百分点，从 17.37% 下降到 8.07%。选择在 1 千米以内、1~2 千米近距离范围进行休闲活动的人数占比分别由 29.69%、21.61% 上升至 35.88%、31.00%。选择在 2~3 千米、3~5 千米、5~7 千米范围内休闲的人数占比分别由 19.70%、8.62%、2.60% 下降至 16.35%、5.52%、1.06%。选择在 7 千米以上范围进行休闲活动的人数占比增加了 3 倍多，由 0.41% 上升到 2.12%。

（二）不同属性城镇居民休闲空间特征

城镇居民作为消费型休闲发展的主体，其休闲空间对休闲产业的发展具有很强的指导意义。本报告接下来将分别从性别、年龄、学历、居住地等几个方面对城镇居民在工作日、周末以及节假日三个时间段的休闲活动空间特征进行分析。

1. 性别：不同性别城镇居民对休闲活动范围的选择差距不大，男性居家休闲略多于女性，女性中远距离休闲略多于男性

从不同性别居民在休闲空间上的结构来看，两者未显示出显著差异。具体来说，选择居家休闲的男性略高于女性，男女人数占比分别为 4.55%、3.88%；选择在 7 千米范围以上休闲的男性略高于女性，占比分别为 2.18%、1.71%；选择在 3~5 千米、5~7 千米中远距离休闲的女性略高于男性，男女人数占比分别为 10.64%、3.10% 和 11.70%、3.44%（见图 3-5）。

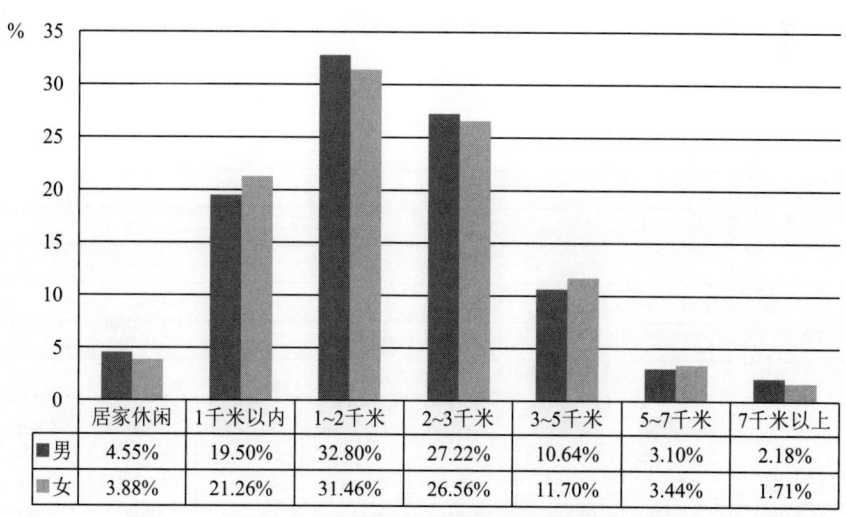

图 3-5　2023 年不同性别城镇居民休闲半径对比

在三个不同时间段中，女性在节假日选择在 3 千米以上空间范围休闲的比例明显增加，由工作日、周末平均的 15.66% 上升至 19.20%；男性和女性在节

假日选择在 7 千米以上范围进行较远距离休闲的比例均有所增加，分别由工作日、周末的 1.78%、1.44% 上升至 3.00%、2.25%；其他时间段未显示出显著差异。

2.年龄：不同年龄段城镇居民对休闲活动范围的选择大致相同，相较于其他年龄段，青少年群体居家休闲与较远距离休闲人数占比较高（当代年轻人既能宅得住，又能玩得起）

从不同年龄段居民的休闲空间结构来看，整体趋势趋同，均在 1~2 千米空间范围内呈现出最高点。相较于其他年龄段，青少年受访者居家休闲与较远距离休闲人数占比较高。青少年（15~29 岁）中有 7.39% 选择居家休闲，人数占比显著高于其他年龄段群体，青年（30~44 岁）、中年（45~59 岁）、老年（60 岁以上）受访者选择居家休闲的人数占比平均为 2.68%；青少年受访者中有高达 32.67% 的人选择在 1 千米以内休闲，而其他年龄段受访者这一选择平均占比仅为 20.50%（见图 3-6）。当代年轻人既能宅得住，又能玩得起，只要休闲活动具有足够的吸引力，年轻人愿意奔赴远方。3.09% 的青少年受访者也会选择前往 7 千米以外的地方休闲，人数占比依次高于青年、中年、老年群体；年轻人群体精力旺盛，休闲活动更为丰富，即便是在工作日，也有 2.76% 的青少年受访者选择在 7 千米以外空间进行休闲。老年受访者中选择在 3~5 千米中等距离休闲的人数占比较其他年龄段受访者更多，为 15.15%，青少年则最少，为 8.47%。

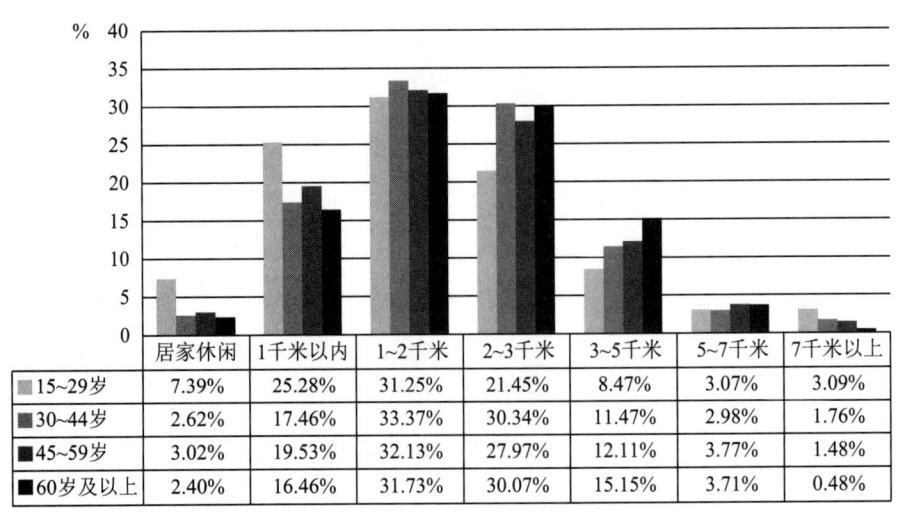

图 3-6　2023 年不同年龄城镇居民休闲半径对比

三、诗有多近，远方有多远——休闲空间
Part 3 How close is poetry, how far is the distance——Leisure Distance

在三个不同时间段中，选择在3千米以上中远距离休闲的各年龄段受访者基本呈现工作日、周末、节假日占比递增趋势。青少年受访者在工作日、周末、节假日选择在3千米以上休闲的人数分别为13.32%、14.07%、16.50%；中年受访者分别为15.13%、17.02%、19.92%；老年受访者分别为17.87%、18.74%、21.42%；青年受访者差距不显著。

3.学历：休闲距离基本呈现随学历增高而增加的趋势

从不同学历居民的休闲空间结构来看，在居家休闲与较远距离休闲上呈现出显著差异。具体来说，低学历（小学及以下）受访者中选择居家休闲的比例为16.50%，远高于其他学历水平3.72%的平均占比；低学历受访者中有高达34.36%的人选择在1千米以内休闲，而其他学历水平受访者这一选择平均占比仅为23.08%左右（见图3-7）。高学历（研究生）受访者更愿意选择中远距离进行休闲，选择在3千米以上范围进行休闲的人数占比为27.38%，远高于其他学历水平12.71%的平均占比。

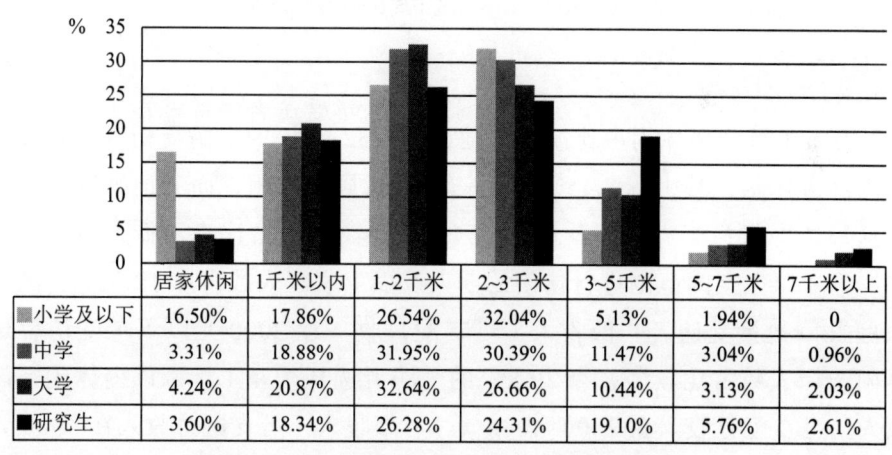

图3-7　2023年不同学历城镇居民休闲半径对比

4.城市：不同城市城镇居民休闲半径选择均呈现出先增后减趋势，成都、南京居民最"宅"，广州、上海居民最能"跑"

从不同城市居民在休闲空间上的结构来看，选择在1千米以内（含居家休闲）近距离休闲和在5千米以上中远距离休闲的人数差异较大，选择在1~3千米、3~5千米范围内休闲的人数差异不大（见图3-8）。具体来说，成都、南京选择居家休闲的人数最多，占比分别为5.56%、5.51%，西安、杭州人数最少，占比

分别为 2.27%、3.35%；北京、长沙选择在 1 千米以内（含居家休闲）近距离休闲的人数较多，占比分别为 28.04%、28.07%。广州、上海选择在 5 千米以上范围休闲的人数占比分别为 7.12%、6.42%，而杭州、南京依次仅有 2.83%、3.96%。

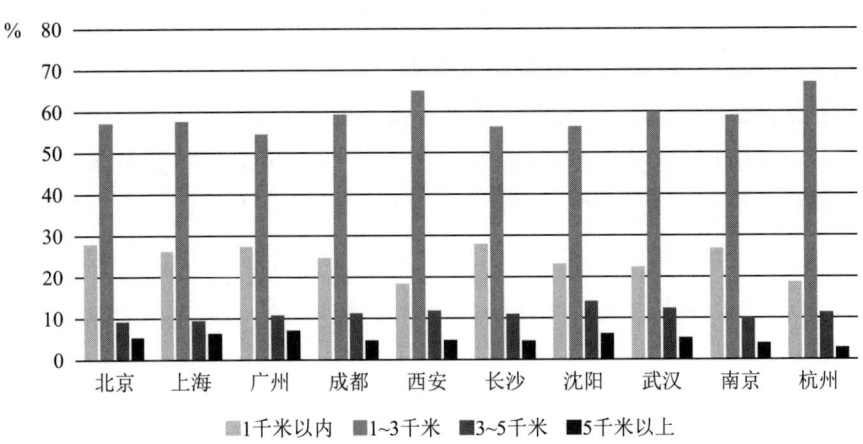

图 3-8　2023 年不同城市居民休闲半径对比

5. 其他

未婚人士近距离休闲占比高于其他群体，32.70% 的未婚受访者选择在 1 千米以内进行休闲，其中有 7.45% 的受访者选择居家休闲，而其他婚姻状况的受访者这一选择仅为 2.35%。多人口家庭中远距离休闲占比高于低人口家庭，选择在 3 千米以上空间范围进行休闲的 5 人及以上家庭人数占比 19.72%，高于其他家庭人口数量受访者。低收入（可支配月收入在 2000 元以下）受访者近距离休闲选择人数占比较多，有 29.8% 的受访者选择了在 1 千米以内休闲，而中等收入（可支配月收入在 2000~4000 元）、高收入（可支配月收入在 4000 元以上）的受访者这一选择占比分别为 21.45%、25.64%；高收入人群中远距离休闲选择人数占比较多，可支配月收入在 4000 元以上的受访者中有 17.08% 选择在 3 千米以上的空间范围内进行休闲。中远距离休闲者数量占比随着每月休闲消费金额的增加而增多，低休闲消费（每月 2000 元以下）、中等休闲消费（每月 2000~4000 元）、高休闲消费（每月 4000 元以上）的受访者选择在 3 千米以上空间范围休闲的人数占比分别为 14.17%、17.14% 与 19.58%。

在三个不同时间段中，低休闲消费受访者尽管在工作日、周末更倾向于 1 千米以内的休闲活动，但在节假日也愿意从事较远距离的休闲活动，节假日选择在 7 千米以上范围休闲的受访者有 3.61%，与 2.34%、3.40% 的中等休闲消费、高等休闲消费受访者相比较，占比最高。

（三）不同属性农村居民休闲空间特征

长期以来，我国城乡居民在生活水平、发展机会、旅游休闲的获得感方面存在较为明显的差距。在全面建成小康社会，全面开启社会主义国家现代化建设新征程的今天，农村居民的休闲生活品质理应与城镇居民一同得到提升。保障他们的休闲权利，满足他们对美好生活的期待，提升他们的获得感是城乡融合发展、城镇化加速提质、乡村振兴战略的必然要求。本报告接下来将分别从性别、年龄、学历、居住地等几个方面对农村居民的休闲活动空间特征进行分析。

1. 性别：女性更倾向于近距离休闲，男性则更青睐中远距离休闲

从不同性别农村居民对休闲半径选择的偏好来看，以 1 千米为界，近距离休闲、中远距离休闲中男性与女性农村受访者选择的数量占比存在较大差异，5 千米以上较远距离休闲差异不大。具体来说，有 8.38%、38.41% 的女性选择居家休闲和 1 千米内休闲，分别高出男性 5.79 个、8.13 个百分点；有 55.89%、8.59% 的男性受访者选择在 1~3 千米、3~5 千米范围内休闲，分别高出女性 10.80 个、3.28 个百分比（见图 3-9）。

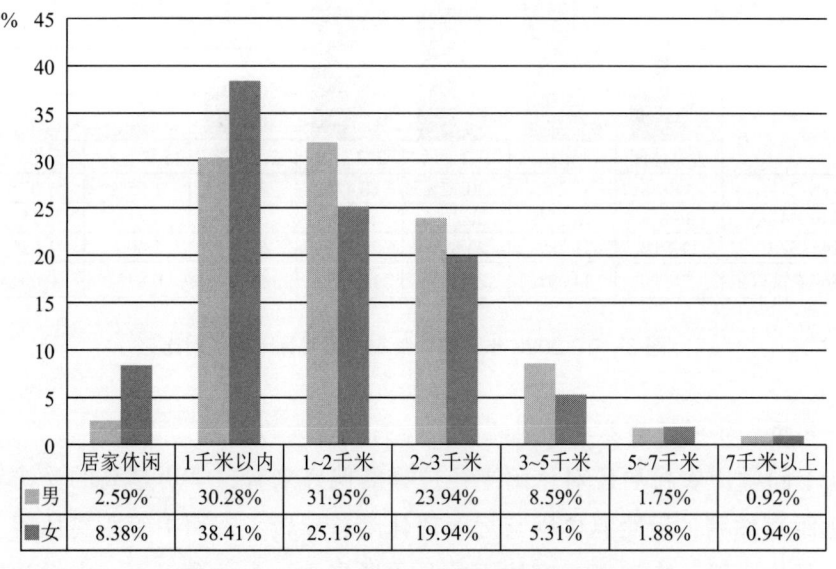

图 3-9 2023 年不同性别农村居民休闲半径对比

2. 年龄：中年人更居家，青年人更爱玩儿

从不同年龄农村居民对休闲半径选择的偏好来看，中近距离休闲选择存在较为显著的差异，而3千米以上中远距离休闲选择差异不显著。具体来说，选择居家休闲的中年受访者占比较大，为11.65%，远高于其他年龄段4.56%的平均水平；随着年龄增长，选择在1千米以内休闲的受访者人数呈现先减少后增加趋势，其中青年受访者占比较少，为25.77%，老年人最多，为44.69%；选择在2~3千米范围内休闲的受访者人数随年龄增加呈现出先增加后减少趋势，其中青年、中年受访者人数相对较高，占比在25%左右，而青少年、老年受访者较少，占比在18%左右；选择5千米以上休闲的青年人相对较多，为4.68%（见图3-10）。

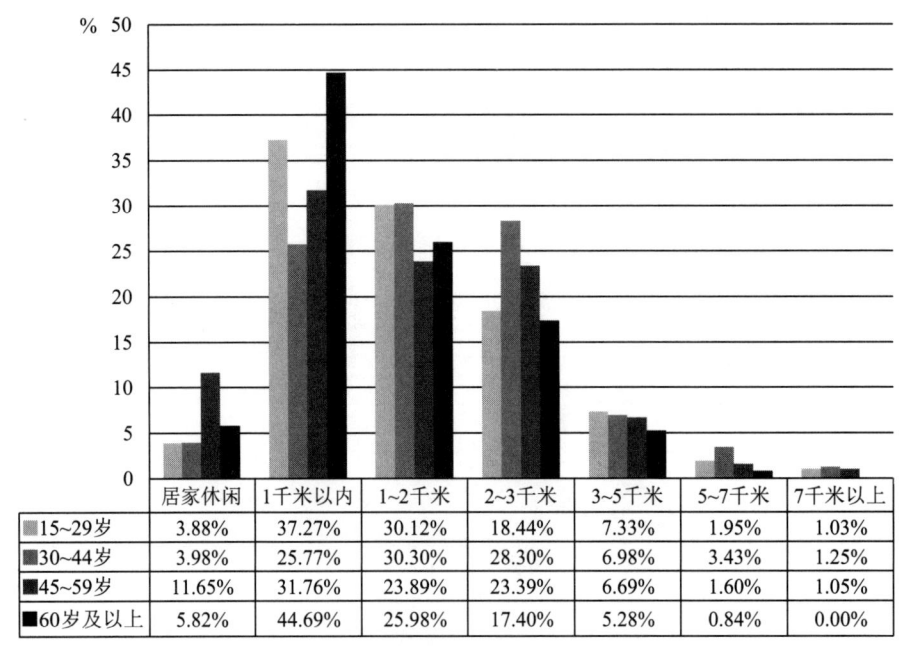

图3-10 2023年不同年龄农村居民休闲半径对比

3. 学历：休闲距离基本呈现随学历增高而增加的趋势

从不同学历农村居民对休闲半径选择的偏好来看，学历越高的受访者越偏爱中远距离休闲，近距离休闲与远距离休闲差异较大，而中等距离休闲差距不明显。具体来说，在选择居家休闲的受访者当中，小学及以下、中学学历受访者为9.55%、8.35%，而大学、研究生学历这一选项人数占比仅为3%左右；1

千米以内近距离休闲中，小学及以下、中学学历受访者占比分别为38.87%、42.84%，而大学、研究生学历这一选项人数占比为30%左右。3千米以上休闲在四种学历类型之间均出现差异，从小学及以下到研究生学历，选择在3千米范围以上休闲的人数分别为3.42%、7.13%、10.69%、23.01%，研究生与小学及以下学历受访者相差近20个百分点（见图3-11）。

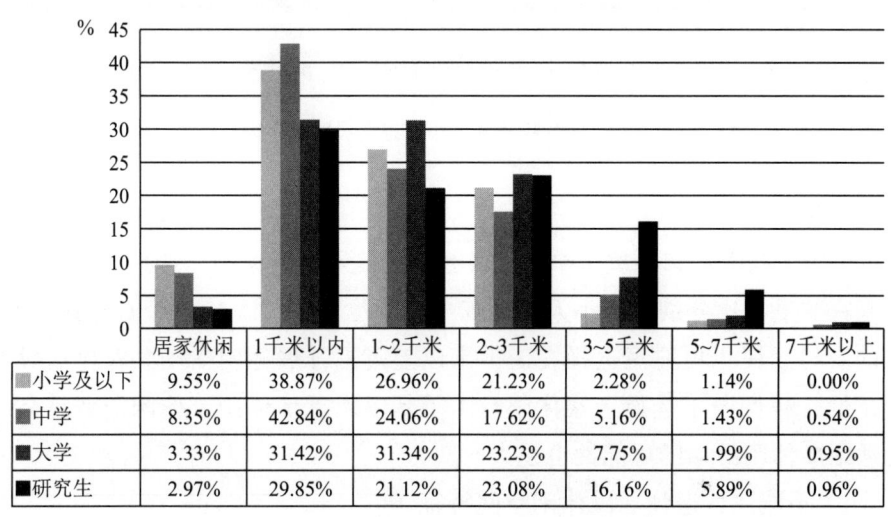

图3-11 2023年不同学历农村居民休闲半径对比

4.城市：不同城市农村居民基本偏好1~3千米休闲，西安人、南京人最"宅"，沈阳人最乐意"跑"

从不同城市居民在休闲空间上的结构来看，选择在1千米以内（含居家休闲）、3千米以上休闲的受访者人数差异较大，选择在1~3千米范围内休闲的人数基本在四成至五成，较为相似（见图3-12）。具体来说，有15.80%的西安农村居民和11.09%的南京农村居民选择了居家休闲，这一比例远高于其他城市3.16%的平均水平；西安、武汉选择在1千米以内休闲的人数占比较高，分别为50.35%、48.59%；沈阳、长沙、武汉农村居民选择在5千米以上休闲的人数占比相对较高，在5%左右，而西安、南京这一比例仅为0.6%左右。

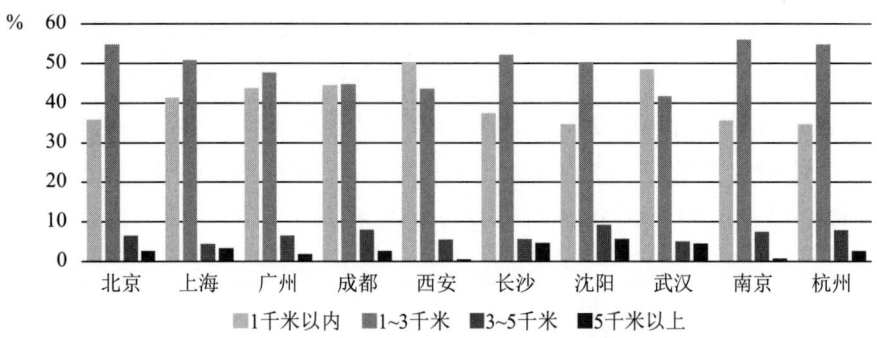

图 3-12 2023 年不同城市农村居民休闲半径对比

5. 其他

独住居民与多人口家庭（4人及以上）更偏爱近地休闲，选择1千米以内休闲的家庭数量占比分别高出小人口家庭（2~3人）10个、12.8个百分比；此外，独住的农村居民也更愿意选择在3千米以上范围开展休闲活动。农村居民休闲消费越低，越倾向于选择居家休闲与1千米以内近地休闲，休闲消费越高，选择更远距离休闲活动的可能性也越大。

（四）不同属性退休居民休闲空间特征

国务院于2022年发布的《"十四五"国家老龄事业发展和养老服务体系规划》中提出推动养老服务体系高质量发展。社区文化娱乐中心、体育健身场所等公共设施的适老化改造，康养＋旅游等"银发"市场业态创新，为退休居民提供了近距离、中等距离、较远距离多层次多样化的休闲选择。本报告接下来将从性别、学历两个方面对退休居民的休闲活动空间特征进行分析。

1. 性别：男性退休者更偏爱近距离、较远距离休闲，女性退休居民更偏爱中等距离休闲

从不同性别退休居民对休闲半径选择的偏好来看，居家休闲、1千米以内休闲与7千米以上休闲未见有显著差异（见图3-13）。偏好在2千米范围内近距离休闲的男性受访者占比大于女性受访者，而偏好在2~5千米范围内中等距离休闲的女性受访者占比大于男性受访者，在5千米以上范围较远距离休闲的选择中，男性占比又大于女性。整体来看，选择在1~2千米范围内休闲的男性高出女性约10个百分点，而选择在2~3千米范围内休闲的女性则高出男性约10个百分点；选择在3~5千米范围内休闲的男女差异性最大，男性为1.25%，而女性则为6.39%。

三、诗有多近，远方有多远——休闲空间

Part 3 How close is poetry, how far is the distance——Leisure Distance

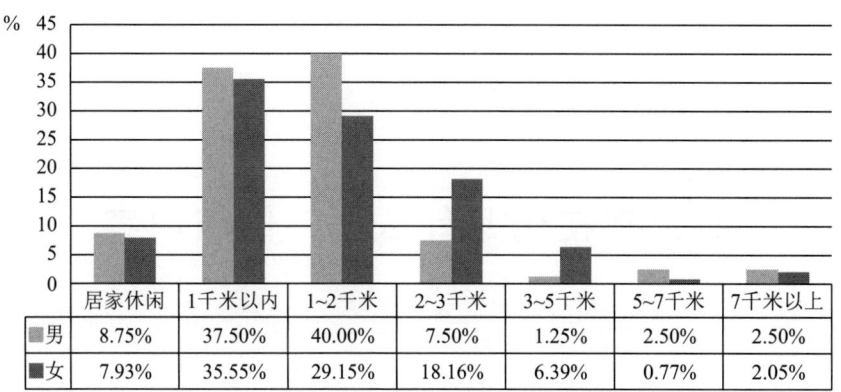

图 3-13 2023 年不同性别退休居民休闲半径对比

2. 学历[①]：休闲距离基本呈现随学历增高而增加的趋势

从不同学历居民的休闲空间结构来看，存在较为显著的差异。具体来说，低学历人群（小学、初中）选择近距离休闲的人数占比相对较大，其中选择居家休闲的人数为 11.92%，而其余学历人群平均占比为 6.92%，小学及以下学历受访者选择在 1 千米范围内休闲的占比高达 72.73%；中等学历（高中/中专/技校）人群选择在 1~3 千米范围内中等距离休闲的人数占比相对较大，达 61.02%；高学历（大专、大学本科）人群中选择中远距离休闲的人数占比较大，其中有 12.77% 的受访者选择在 3 千米以上范围进行休闲活动，而其他学历受访者这一平均占比仅为 4.82%（见图 3-14）。

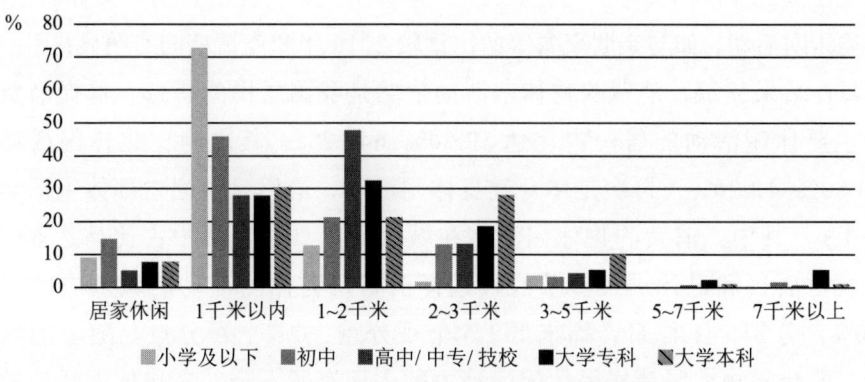

图 3-14 2023 年不同学历退休居民休闲半径对比

---

① 根据退休人群受教育情况的时代特点，在进行分析时舍去极小样本的研究生人群，也未对初中、高中进行合并。

61

四、都在玩儿什么——休闲内容

从需求的角度出发，按照休闲方式的特征，本报告将我国居民的休闲活动分为消费购物类休闲活动、文化类休闲活动、体育健身类休闲活动和家庭内部类休闲活动四大类。此外，鉴于城镇居民、农村居民、退休人员在休闲方式与休闲内容方面可能存在显著不同，本报告将分别对他们进行考察和分析。

（一）国民休闲内容总体特征

随着2022年底我国宣布全面解封，2023年，人们开始走出家门正常活动，一切朝着全面恢复正常生活有序发展，国民休闲常态化。与此同时，疫情后国民休闲内容呈现出两方面特征：一方面，国民告别了疫情期间以家庭内部为主的休闲方式和休闲内容，逐步恢复到疫情前多元化的休闲方式和休闲内容；另一方面，虽然休闲内容与疫情前一样多元，但与疫情前相比，各类休闲活动的占比、各类休闲活动内部不同休闲活动的占比，均有不同程度的变化。具体表现为，体育健身休闲在国民休闲活动中的占比较2022年有所上升；在消费购物类休闲活动中，体验类休闲活动，如与亲朋聚餐等的比重较2019年和疫情期间有明显提升。

调查结果显示，消费购物休闲活动依然是我国居民的首选。选择消费购物作为主要休闲活动的居民占比达59.24%~64.62%；其次为文化休闲活动，占比13.80%~18.26%，再次是体育健身休闲活动，最后是家庭内部休闲活动（见图4-1）。其中，消费购物休闲活动在城镇居民日常生活中占比高达64.62%，高于农村居民和退休居民。节假日选择消费购物休闲活动的城镇居民占比为63.90%，分别比工作日、周末低1.5个百分点、0.6个百分点。随着闲暇时间增多，消费购物在城镇居民休闲活动中的占比有所下降，文化休闲活动的占比随之上升。城镇居民在节假日选择文化休闲活动的占比为18.44%，比工作日高1.35个百分点，比周末低0.85个百分点。体育健身休闲活动多见于退休居民，其相应占比达14.23%，高于同期城镇居民和农村居民。家庭内部休闲活动在农村居民中占比最高。

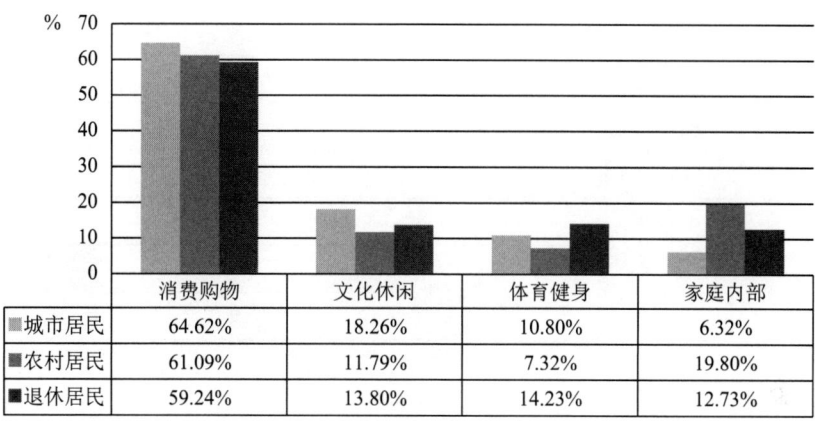

图 4-1　2023 年中国居民休闲活动总体特征

与 2022 年相比，2023 年我国居民仍选择消费购物作为主要的休闲方式；体育健身休闲活动所占比重普遍上升；文化休闲活动基本维持在 2022 年的水平。具体来说，家庭内部休闲比重下降 2.03 个百分点外，城镇居民选择消费购物、体育健身作为休闲活动的比重分别上升 1.65 个、1.37 个百分点（见图 4-2）。农村居民消费购物有所下降，降低了 10.39 个百分点，与此同时，家庭内部休闲活动比重大幅上升，增长了 13.57 个百分点（见图 4-3）。退休居民体育健康休闲活动比重增加，其他活动方式较为稳定（见图 4-4）。

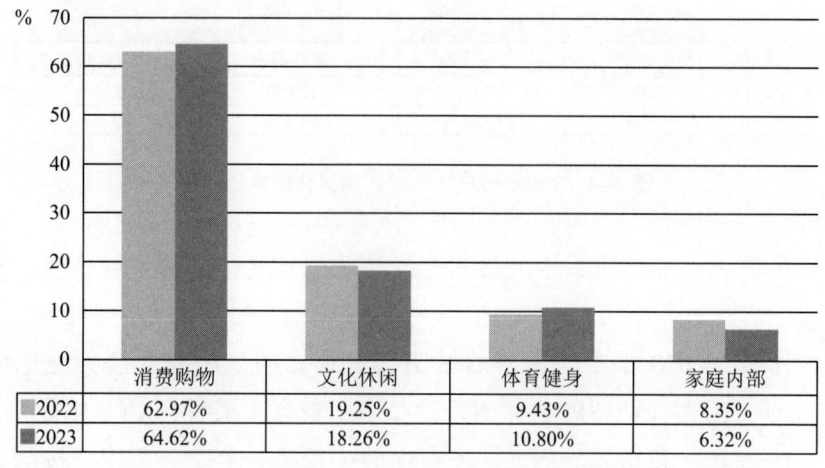

图 4-2　2022—2023 年城镇居民休闲活动对比

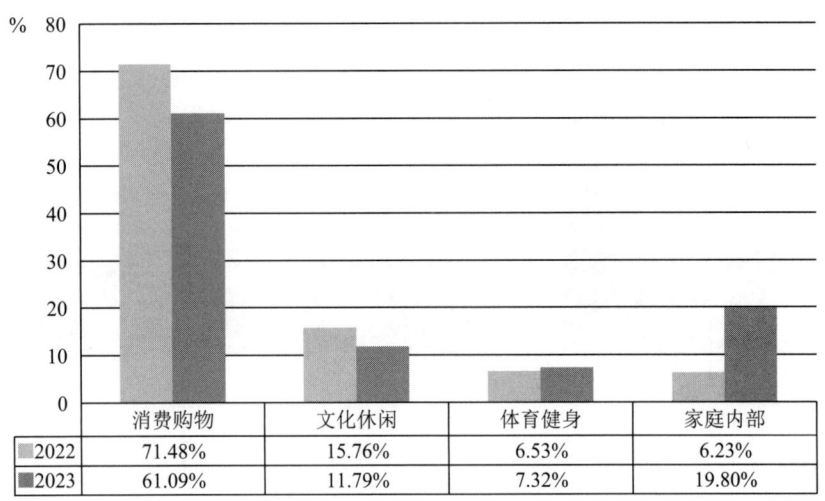

图 4-3　2022—2023 年农村居民休闲活动对比

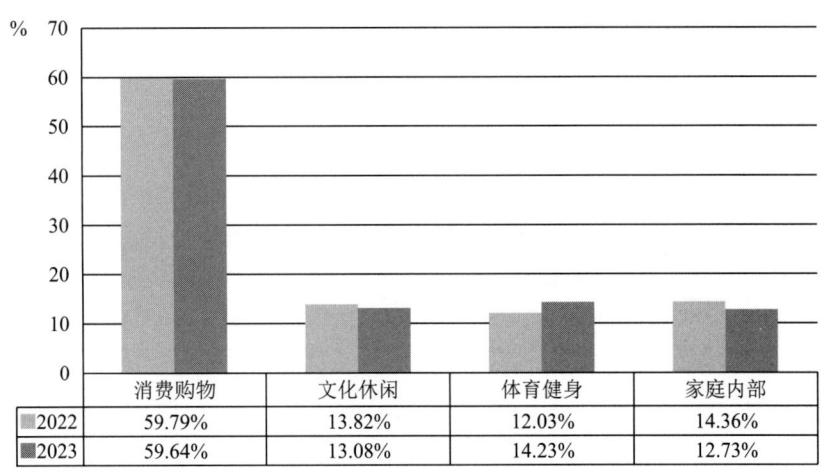

图 4-4　2022—2023 年退休居民休闲活动对比

1.城镇居民：消费购物休闲仍然是城镇居民日常休闲的基础选择，与疫情期间相比，家庭内部休闲大幅减少，文化休闲和体育健身休闲明显增加

在工作日，2023 年参与调查的城镇居民选择的休闲方式按分配比例如下（见图 4-5）。①选择消费购物休闲活动：亲朋聚会（聚餐、KTV 唱歌等）、逛街购物（去商场、超市购物等）、美容保健（美容、美发、美甲、按摩、足疗等）、氛围休闲（咖啡厅、茶馆、酒吧等）的城镇居民占总受访群体的 65.45%；

②选择文化休闲活动：放松疗愈（品茗、冥想、插花、撸猫等）、观光游览（逛景区度假区、动植物园、公园广场等）、游乐游艺（游乐场、电玩城、剧本杀、DIY手工等）、观看展览（博物馆、文化馆、科技馆、美术馆等）、观看演出（电影、话剧、脱口秀、演唱会、足球赛等）、参与节事（文化节、冰雪节、桃花节等）、兴趣培养（摄影、书法、绘画、乐器等）、公益活动（社区服务、环境保护、社会援助等）的城镇居民占总受访群体的17.09%；③选择体育健身休闲活动：室内健身（健身、舞蹈、瑜伽、游泳等）、球类运动（羽毛球、篮球、足球等）、有氧运动（散步、健步走、跑步、骑自行车等）、大众体育（小区健身、广场舞、太极、响鞭等）、电竞棋牌（打游戏、下棋、打麻将等）、极限运动（攀岩、蹦极、冲浪、帆板、潜水等）、体育赛事（马拉松、电竞比赛等）的城镇居民占总受访群体的11.11%；④选择家庭内部休闲活动：居家内容消遣（看电视、听广播、刷小视频等）、居家棋牌游戏（下象棋、打扑克等）、居家社交聊天（含家庭成员、邻里朋友、网络聊天等）、居家知识学习（看书、看报、了解资讯等）、居家网络购物（含看购物直播等）、居家精神放松（发呆、冥想、品茗、焚香等）、居家兴趣休闲（养花草宠物、室内装饰、烹饪手工、书法乐器等）的城镇居民占总受访群体的6.35%。

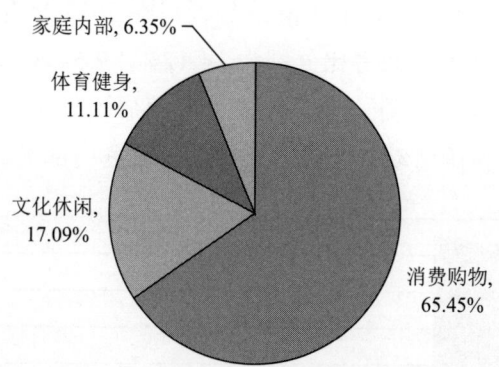

图4-5 2023年城镇居民工作日休闲活动

在工作日选择文化休闲活动的城镇居民中，选择观看展览（博物馆、展览馆、文化馆、科技馆、艺术馆、美术馆等）的人占比27.65%；选择观看演出（电影、戏剧、音乐剧、脱口秀、相声、足球赛等）的人次最多，占比34.94%（见图4-6）。其余居民选择的文化休闲活动是参与节事（文化节、艺术节、冰雪节、桃花节等）、兴趣培养（看书、书法、绘画等）和公益活动（社区服务、环境保护等），分别占比12.38%、14.01%、11.02%。

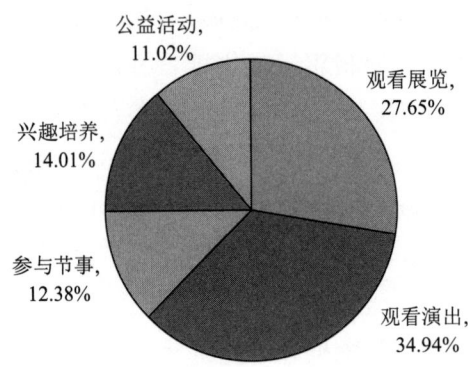

图4-6　2023年城镇居民工作日文化休闲活动

从城镇居民工作日休闲活动占比纵向数据来看，在2020年、2021年、2022年和2023年，选择消费购物休闲活动的城镇居民人数占比分别为57.49%、64.09%、63.61%、65.41%，呈现上涨趋势（见图4-7）。选择文化休闲活动的城镇居民人数占比分别为15.1%、17.9%、18.72%、17.12%，保持小幅上升态势。选择体育健身休闲活动的城镇居民人数占比分别为13.28%、8.46%、8.91%、11.12%，在2021年呈现为明显的下降趋势，但在2022年有所回升。选择家庭内部休闲活动的城镇居民人数占比分别为14.12%、9.54%、8.76%、6.35%，呈现明显的下降趋势。总体来看，在工作中，城镇居民外出休闲意识更强，文化休闲活动、体育健身休闲活动为主要增长方向，家庭内部类休闲活动减少。

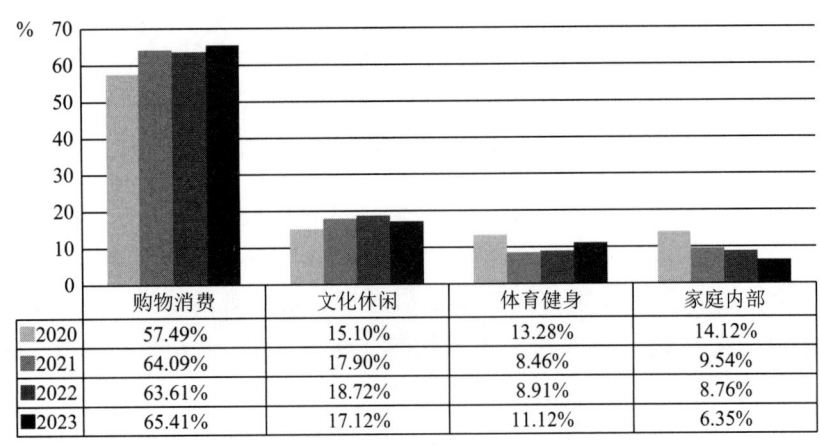

图4-7　2020—2023年城镇居民工作日休闲活动对比

四、都在玩儿什么——休闲内容
Part 4 What do people play——Leisure Content

在周末，2023年城镇居民的休闲活动选择分配是：选择消费购物休闲活动的城镇居民占总受访群体的64.49%；选择文化休闲活动的城镇居民占总受访群体的19.29%；选择体育健身休闲活动的城镇居民占总受访群体的10%；选择家庭内部休闲活动的城镇居民占总受访群体的6.27%（见图4-8）。可见周末城镇居民仍以出游为主，偏向于购物消费休闲活动。

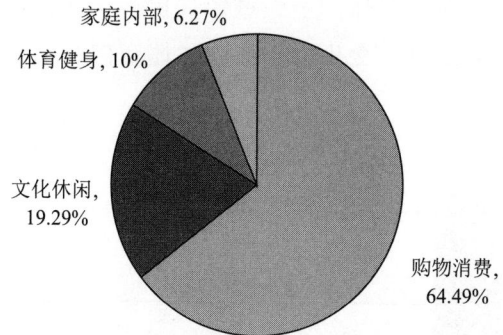

图4-8　2023年城镇居民周末休闲活动

在周末选择文化休闲活动的城镇居民人次中，选择观看展览（博物馆、展览馆、文化馆、科技馆、艺术馆、美术馆等）的人占总受访群体的30.45%；选择观看演出（电影、戏剧、音乐剧、脱口秀、相声、足球赛等）的人次最多，占总受访群体的31.03%（见图4-9）。

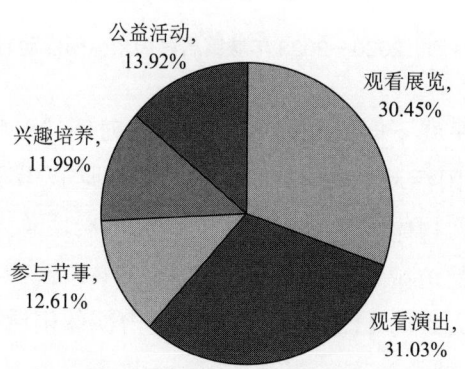

图4-9　2023年周末城镇居民文化休闲活动

从城镇居民周末休闲活动占比的纵向数据来看，在2020年、2021年、2022年和2023年中，选择消费购物休闲活动的城镇居民人数占比分别为59.01%、

63.97%、65.72%、64.51%，比重呈波状上下浮动；选择文化休闲活动的城镇居民人数占比分别为16.62%、18.99%、16.13%、19.32%，呈现先增后减又增的波动情况；选择体育健身休闲活动的城镇居民人数占比分别为10.94%、8.03%、9.91%、9.92%，总体呈先减少后逐步增长趋势；选择家庭内部休闲活动的城镇居民人数占比分别为13.43%、9.01%、8.24%、6.25%，出现一定幅度的下降（见图4-10）。总体来看，在周末休闲中，城镇居民外出休闲意识日趋增强，消费购物休闲活动比重较为稳定，文化休闲活动、体育健身活动出现波动并且一减一增。

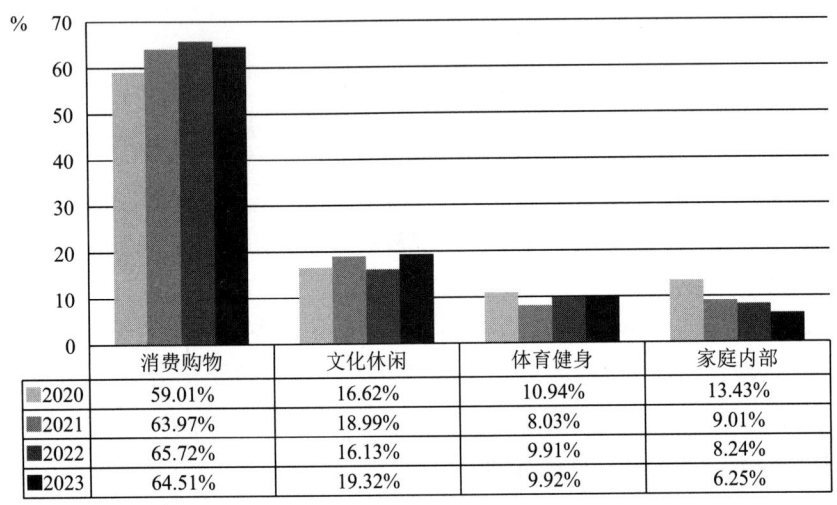

图4-10　2020—2023年城镇居民周末休闲活动对比

节假日是城镇居民线下时间相对较为充裕的时间段。城镇居民可根据自己的需求选择喜爱的休闲活动。图4-11展示了城镇居民节假日休闲内容分配情况，其中，选择消费购物休闲活动的人占受访城镇居民总人次的63.91%；选择文化休闲活动的人占受访城镇居民总人次的18.42%；选择体育健身休闲活动的人占受访城镇居民总人次的11.34%；选择家庭内部休闲活动的人占受访城镇居民总人次的6.33%。

四、都在玩儿什么——休闲内容

Part 4 What do people play——Leisure Content

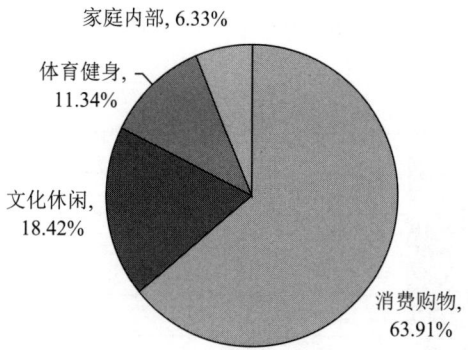

图 4-11 2023 年城镇居民节假日休闲活动

在节假日选择文化休闲活动的城镇居民中，选择观看展览（博物馆、展览馆、文化馆、科技馆、艺术馆、美术馆等）的人占总受访者群体的 27.79%，选择观看演出（电影、戏剧、音乐剧、脱口秀、相声、足球赛等）的人次最多，占总受访者群体的 33.79%（见图 4-12）。

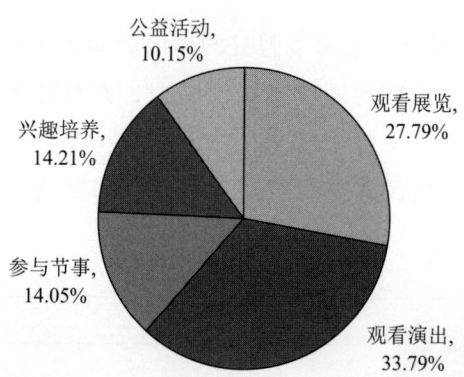

图 4-12 2023 年城镇居民节假日文化休闲活动

图 4-13 是 2020—2023 年城镇居民节假日休闲内容分配情况。调查数据显示，节假日选择消费购物休闲活动的人数占比从 2020 年的 60.14% 增长到 2021 年的 62.61%，2022 年下跌至 59.48%，2023 年又增长到 63.91%，呈波动态势。而选择文化休闲活动的人数在近年来逐年增多，占比从 2020 年的 16.92% 到 2021 年的 20.73%，然后增至 2022 年的 22.86%，2023 年又降至 18.42%。选择体育健身休闲活动的人数占比出现波动，分别为 9.65%、7.78%、9.39%、11.34%，近两年有增长趋势。选择家庭内部休闲活动的人数占比呈小幅递减趋

69

势。可见，在时间较为充足的节假日，文化休闲活动和体育健身休闲活动在城镇居民生活中占据重要地位。

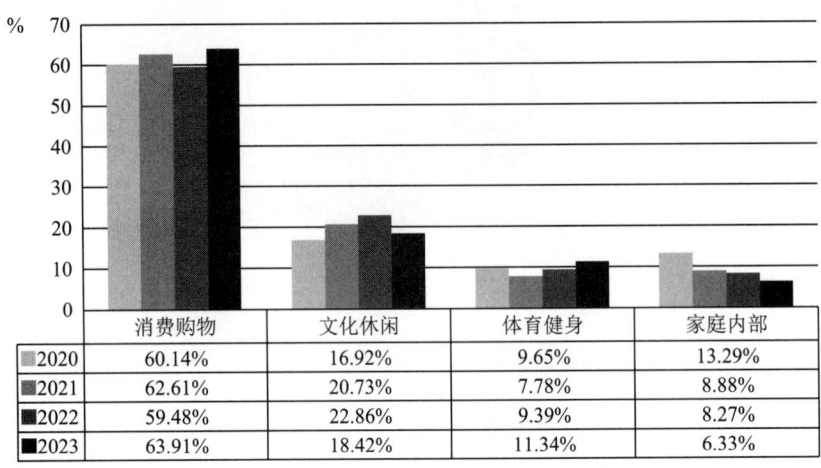

图 4-13　2020—2023 年城镇居民节假日休闲活动对比

由图 4-14 可知，对于周末和节假日的休闲活动，人们的选择差异主要体现在体育健身休闲与文化休闲这两类休闲活动上，而且，随着闲暇时间增多，消费购物休闲活动占比波动下降，而文化休闲活动与体育健身休闲活动比重波动上升。由此可见，城镇居民对体育健身休闲活动和文化休闲活动的选择在工作日、周末、节假日有较大差异。

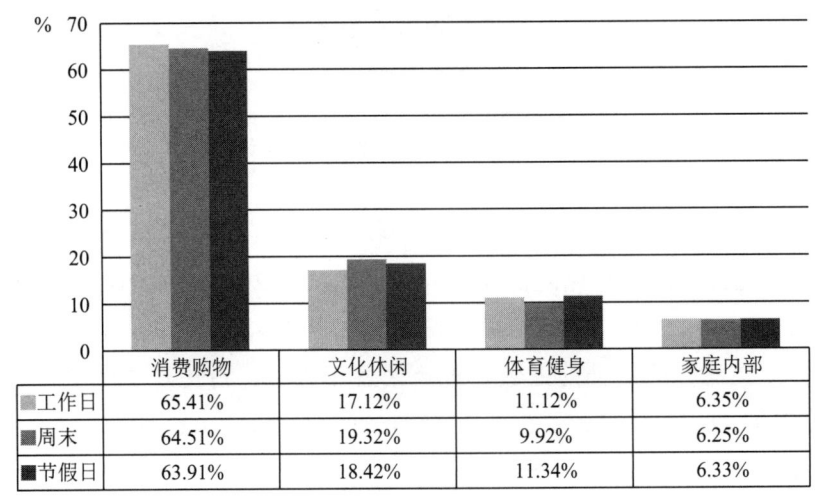

图 4-14　2023 年城镇居民不同时间段的休闲活动

四、都在玩儿什么——休闲内容
Part 4 What do people play——Leisure Content

2. 农村居民：消费购物休闲占比较大，外出休闲意识减弱

此次调查中，农村居民休闲内容分配情况是：选择消费购物休闲活动（外出就餐、实地购物、美容、美发、美甲、洗浴、按摩、足疗、去咖啡厅、茶馆、酒吧、KTV、唱歌、游乐游艺、DIY手工制作等）的人占受访农村居民总人次的60.77%；选择文化休闲活动（去电影院、戏剧院、歌剧院、音乐厅、博物馆、展览馆、名人故居、书店、图书馆；实地看文艺演出、体育比赛，学习科学文化知识，书法绘画集邮等活动）的人占受访农村居民总人次的11.72%；选择体育健身休闲活动（去健身中心、参与舞蹈、瑜伽、球类运动、游冰、跑步、骑自行车、散步遛弯、唱歌跳舞、练广播操、进行其他传统体育锻炼活动等）的人占受访农村居民总人次的7.28%；选择家庭内部休闲活动（包括家庭内聊天、亲戚串门、看电视、玩游戏、玩手机、玩iPad、上互联网、打牌、打麻将、无事休闲、养花草和宠物、汽车维修保养、室内装修装饰等活动）的人占受访农村居民总人次的20.23%（见图4-15）。

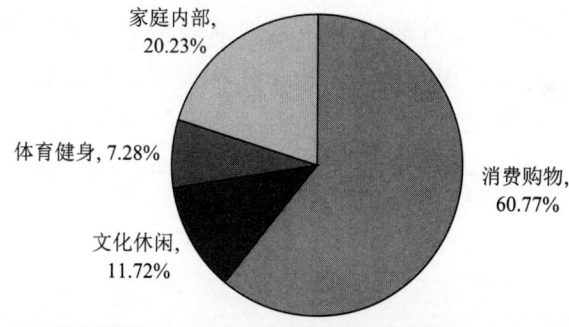

图4-15　2023年农村居民休闲活动

在选择文化休闲活动的农村居民中，选择观看展览（博物馆、展览馆、文化馆、科技馆、艺术馆、美术馆等）的人占总人次的25%；选择观看演出（电影、戏剧、音乐剧、脱口秀、相声、足球赛等）的人次最多，占总人次的33.43%（见图4-16）。

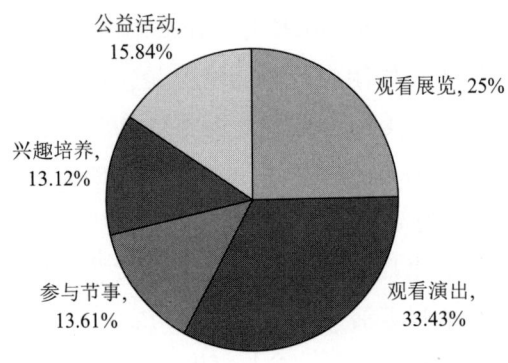

图 4-16　2023 年农村居民文化休闲活动

从农村居民休闲活动占比的纵向数据来看，在 2022 年、2023 年，选择消费购物休闲活动的农村居民人数占绝大部分，占比分别为 71.48%、60.77%，呈现下降趋势；选择文化休闲的农村居民人数占比分别为 15.76%、11.72%，呈现下降趋势；选择体育健身休闲活动的农村居民人数占比分别为 6.80%、7.28%，呈现增长趋势；选择家庭内部休闲活动的农村居民人数占比分别为 5.96%、20.23%，出现大幅增长，说明受多方因素影响严重，农村居民外出休闲意识减弱（见图 4-17）。总体来看，消费购物在农村居民休闲活动中仍然占据主导地位，但是比重已开始下降，体育健身休闲和家庭内部休闲将会日益成为农村居民的重要选择。

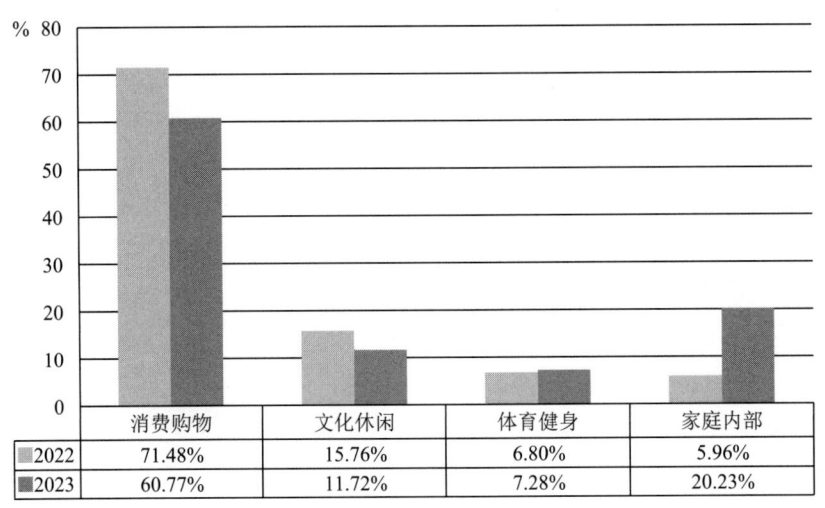

图 4-17　2022—2023 年农村居民休闲活动对比

3. 退休居民：消费购物是退休居民休闲活动的主要内容，文化休闲比重递减，体育健身休闲与家庭内部休闲占比呈现波动趋势

随着我国社会老龄化的加快，退休居民比例增大，他们成为我国休闲内容特征分析的一个重要群体。图4-18展示了2023年退休居民休闲内容的分配情况，其中，选择消费购物休闲活动的人数最多，占受访退休居民总人次的58.60%；选择文化休闲活动、体育健身休闲活动、家庭内部休闲活动的人数比较均衡，分别占比13.80%、14.23%、13.37%。

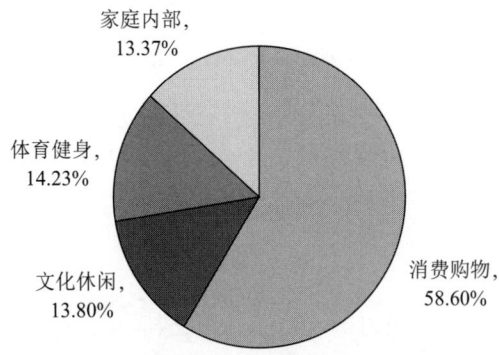

图4-18 2023年退休居民休闲活动

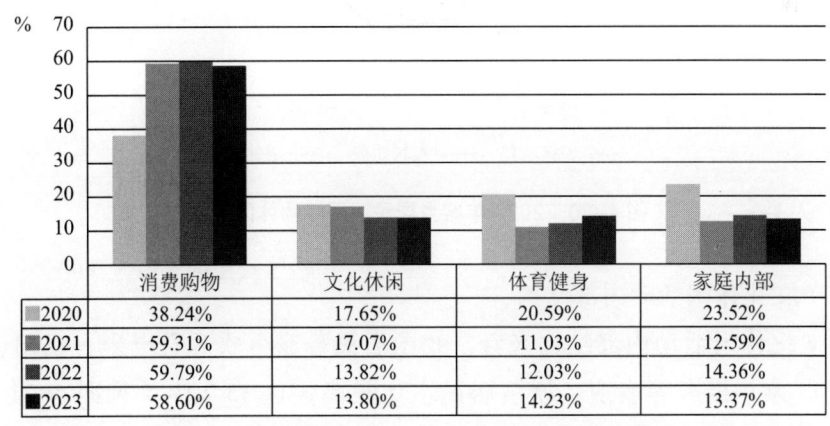

图4-19 2020—2023年退休居民休闲活动对比

近年来，退休居民休闲内容变化明显。如图4-19所示，消费购物休闲活动以绝对优势成为退休居民的主要休闲内容，文化休闲所占比重有逐年递减的态势；体育健身休闲活动、家庭内部休闲活动比重呈现大幅降低然后小幅回升的

趋势。

4.国民对具体休闲活动的偏好

（1）消费购物休闲活动内部结构

从消费购物休闲活动内部结构来看，城乡居民在休闲活动选择上存在一定差异性。逛街购物、美容保健、观光浏览是城镇居民闲暇时间首选的三项休闲活动；亲朋聚会、逛街购物、美容保健是农村居民排名前三的消费购物类休闲活动，三项占比之和达53.76%；对退休居民而言，亲朋聚会、氛围休闲、逛街购物是排名前三的休闲活动，占比之和达61.60%（见图4-20）。比较城乡居民、退休居民的各类消费购物休闲活动，可发现：退休居民逛街购物占比最高，为24.64%；城乡居民普遍喜欢观光浏览、放松疗愈活动；与城镇居民和农村居民相比，退休居民最不喜欢将美容保健活动作为休闲方式。

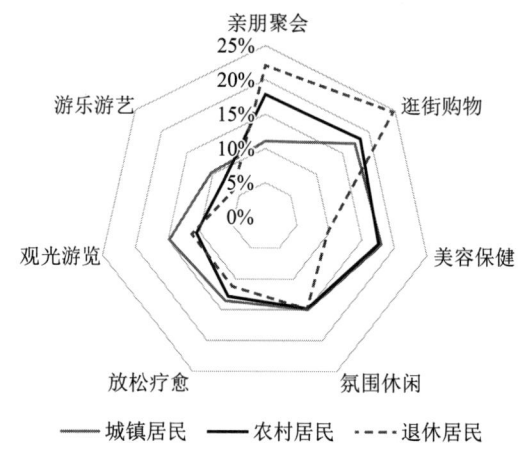

图4-20　2023年城乡居民消费购物休闲活动

（2）文化休闲活动内部结构

从文化休闲活动内部结构来看，我国居民普遍喜欢观看电影、戏剧、音乐剧、脱口秀、相声等表演，城镇居民占比最高，达33.20%（见图4-21）。对比城镇居民和农村居民，退休居民更喜欢参与社区服务、环境保护等公益活动；同时，他们也喜欢培养看书、绘画、下棋等兴趣爱好来度过闲暇时光，其对书法、绘画、集邮等活动表现出更为明显的偏好意向，占比达18.46%，是城镇居民、农村居民相应占比的1.5倍。此外，退休居民不喜欢参与文化节、艺术节、冰雪节等节事活动，其占比只有城镇居民和农村居民的一半。

四、都在玩儿什么——休闲内容

Part 4 What do people play——Leisure Content

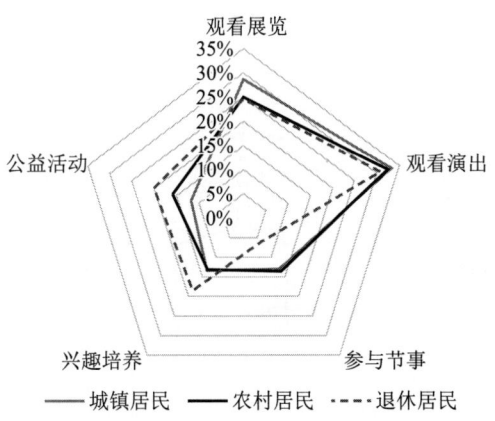

图 4-21　2023 年城乡居民文化休闲活动

（3）体育健身休闲活动内部结构

从体育健身休闲活动内部结构来看，城镇居民、农村居民与退休居民存在一定的偏好差异。如图 4-22、图 4-23 所示，在各类体育健身休闲活动中，城镇居民最喜欢有氧运动，农村居民与退休居民较为喜欢大众体育，喜欢在小区健身、跳广场舞、练武术、打太极、溜陀螺等；随着闲暇时间增多，城镇居民对各类体育健身休闲活动的选择开始有一定差异性，节假日参与有氧运动的城镇居民占比高于平日，周末选择参与球类运动等体育锻炼活动的城镇居民人数占比明显高于工作日，达到 20.06%。退休居民最不喜欢体育赛事和球类运动。极限运动受众占比最小。

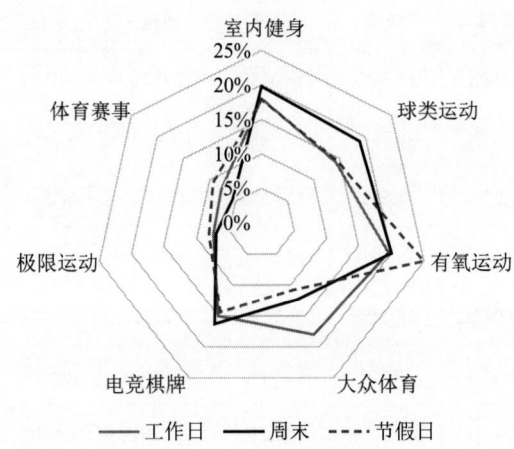

图 4-22　2023 年城镇居民体育健身休闲活动

75

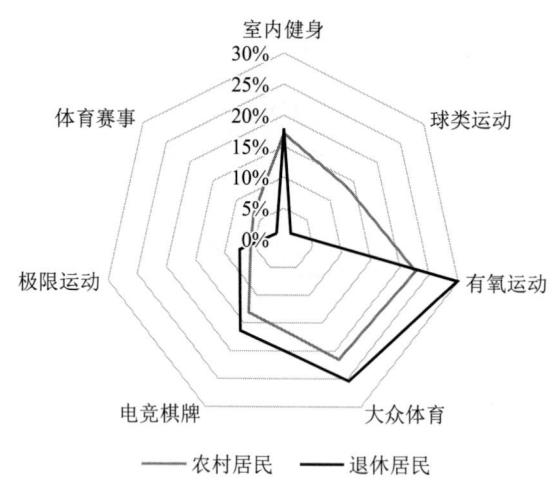

图 4-23　2023 年农村居民和退休居民体育健身休闲活动

5. 不同城市居民休闲内容对比

从休闲活动偏好来看，广州、成都、北京、长沙的城镇居民和沈阳、上海、北京的农村居民更喜欢消费购物休闲活动；沈阳、武汉、上海、西安的城镇居民和南京、北京、广州的农村居民更喜欢文化休闲活动；西安农村居民在体育健身休闲活动的选择上占比最低，但在家庭内部休闲活动中排名第一（见表4-1）。

表 4-1　2023 年各城市不同休闲活动人数占比

城市	消费购物		文化休闲		体育健身		家庭内部	
	城镇	农村	城镇	农村	城镇	农村	城镇	农村
北京	67.89%	75.47%	18.58%	16.35%	10.07%	6.91%	3.46%	1.27%
上海	63.89%	78.09%	20.58%	12.38%	10.81%	5.71%	4.72%	3.82%
广州	65.14%	70.00%	17.55%	15.45%	10.53%	6.63%	6.78%	8.19%
成都	65.83%	70.53%	16.99%	14.01%	10.86%	7.25%	6.32%	8.21%
西安	58.22%	39.04%	28.88%	9.27%	9.81%	1.69%	3.09%	50.00%
长沙	69.2%	57.39%	14.2%	13.91%	9.00%	16.52%	7.60%	12.18%
沈阳	62.72%	75.42%	20.02%	10.61%	11.33%	9.50%	5.93%	4.47%
武汉	60.79%	52.04%	22.85%	9.69%	10.15%	7.65%	6.21%	30.62%

续表

城市	消费购物		文化休闲		体育健身		家庭内部	
	城镇	农村	城镇	农村	城镇	农村	城镇	农村
南京	59.63%	50.79%	18.11%	16.4%	15.19%	13.76%	7.07%	19.05%
杭州	62.21%	71.25%	14.11%	11.25%	10.80%	12.5%	12.88%	5.00%

（二）不同属性城镇居民休闲内容特征

鉴于不同性别、年龄、学历、收入城镇居民的休闲内容可能存在显著不同，本报告接下来将分别对不同属性城镇居民的休闲内容特征进行分析。

1. 性别：男性开始偏好消费购物休闲，女性日益注重体育健身休闲

图4-24显示了2023年不同性别城镇居民工作日休闲活动内容的分配情况。在工作日，选择消费购物休闲活动与体育健身休闲活动的男性占比略微高于女性，而选择文化休闲活动和家庭内部休闲活动的女性居民占比高于男性。

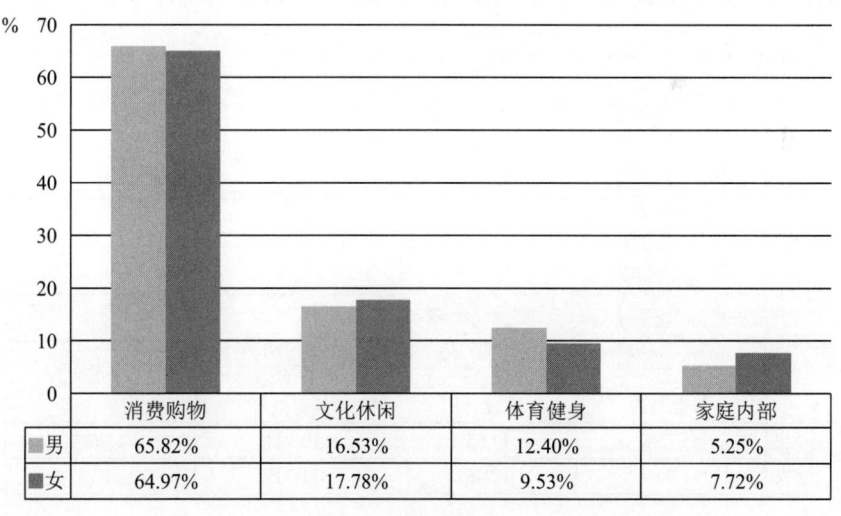

图4-24 2023年不同性别城镇居民工作日休闲活动对比

图4-25显示了2023年不同性别城镇居民周末休闲活动内容分配情况。在周末，选择消费购物休闲活动的男性和女性差不多，而选择文化休闲休闲活动和体育健身休闲活动的男性居民占比高于女性，选择家庭内部休闲活动的女性占比高于男性。

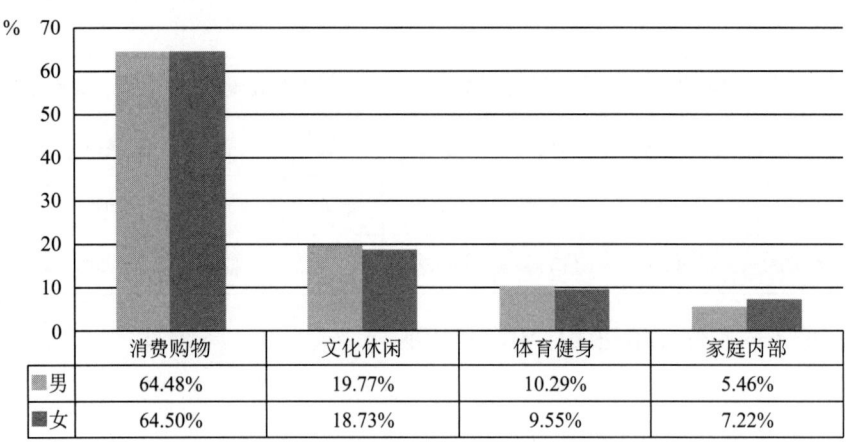

图 4-25　2023 年不同性别城镇居民周末休闲活动对比

图 4-26 显示了 2023 年不同性别城镇居民节假日休闲活动内容分配情况。在节假日，除了选择消费购物休闲活动的男性占比高于女性，选择文化休闲活动、体育健身休闲活动和家庭内部休闲活动的女性占比均高于男性。

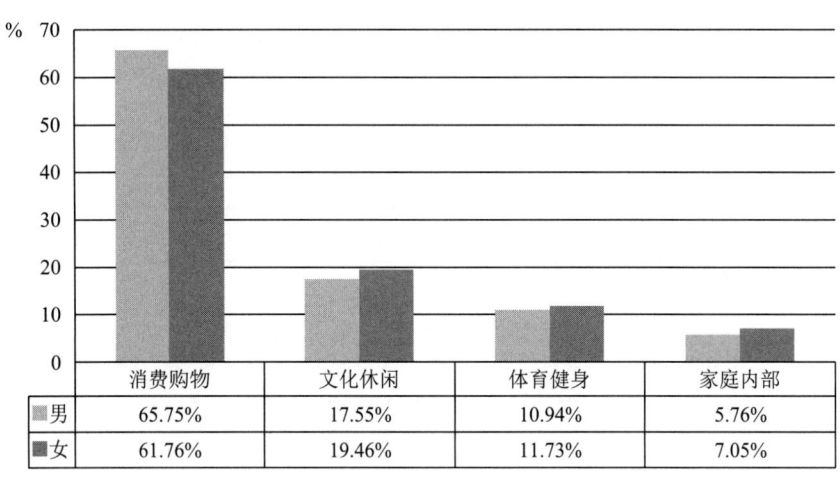

图 4-26　2023 年不同性别城镇居民节假日休闲活动对比

由以上分析可知，不同性别的城镇居民在工作日、周末和节假日的休闲活动内容均以消费购物休闲活动为主。男性在消费购物休闲活动方面的比重持平或反超女性，这种差异的出现反映了民众消费观念的变化。总体来看，女性与男性对于休闲类型有着不同的选择特性。家庭内部休闲活动与文化休闲活动为女性首选，而体育健身休闲活动大体上以男性为主，且随着闲暇时间的增多，选择体育健身休闲活动的女性城镇居民会逐渐增多。女性虽然更喜欢家庭内部休闲活动，但也更注重体育健身休闲活动了。

2.年龄：随着年龄的增长，选择体育健身休闲和家庭内部休闲的比重波动上涨

从图4-27可知，2023年不同年龄城镇居民选择消费购物休闲活动的比重占据最大份额。随着年龄的增加，选择文化休闲活动的人数比重呈现逐渐增加的趋势，60岁以下选择体育健身休闲活动的人数随着年龄增加逐渐增多，家庭内部休闲活动的人数大体呈现先减后增的趋势。相比之下，不同年龄段的城镇居民工作日在单一休闲活动选择方面又存在着差异，30~44岁的城镇居民更喜欢消费购物休闲活动，15~29岁、60岁及以上年龄的城镇居民选择家庭内部休闲活动的占比在四个年龄段中处于较高水平。

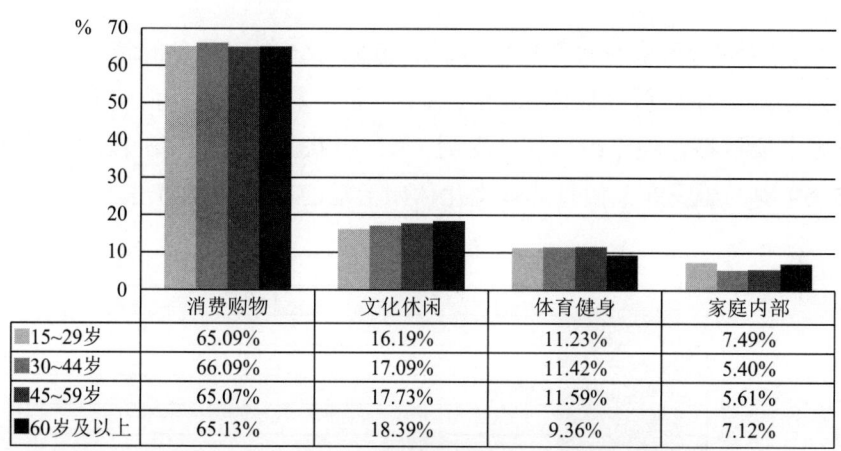

图4-27　2023年不同年龄城镇居民工作日休闲活动对比

图4-28是2023年不同年龄城镇居民周末休闲内容分配情况。总体来看，随着年龄增长，选择消费购物休闲活动的城镇居民占比呈现先增加后下降的变化趋势；选择文化休闲活动的城镇居民则呈现随年龄增长占比波动的特征；选择体育健身休闲活动与家庭内部休闲活动的城镇居民占比分别呈先减后增和"U"形变化趋势。具体来看，不同年龄段城镇居民周末对单一休闲活动的选择存在一定差异，45~59岁年龄段的城镇居民在体育健身休闲活动中的占比大于其他年龄段，并且家庭内部休闲活动占比明显低于其他年龄段，说明中老年人在疫情过后更注重自己的身体健康。

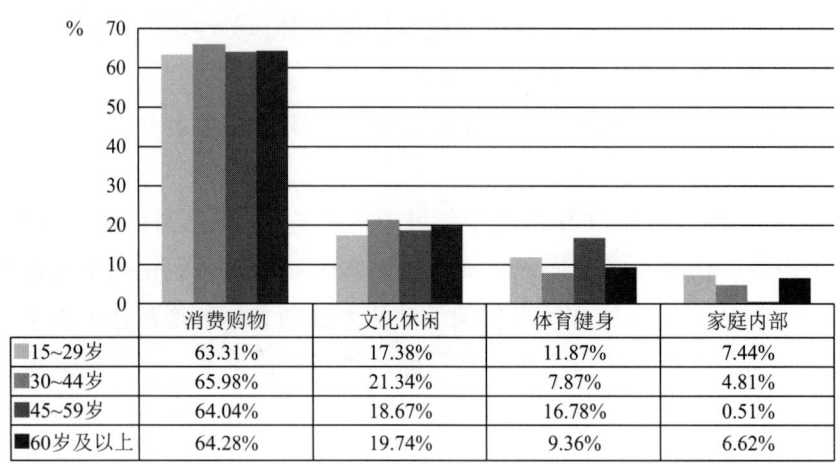

图4-28　2023年不同年龄城镇居民周末休闲活动对比

图4-29是2023年不同年龄城镇居民节假日休闲内容分配情况。从总体上看，不同年龄群体节假日休闲活动呈现出丰富多彩的态势。消费购物休闲活动的比重占主要份额，随年龄增长呈现倒"U"形状。与其他年龄段的城镇居民相比，45~59岁的居民在节假日选择文化休闲活动的比重较为突出。

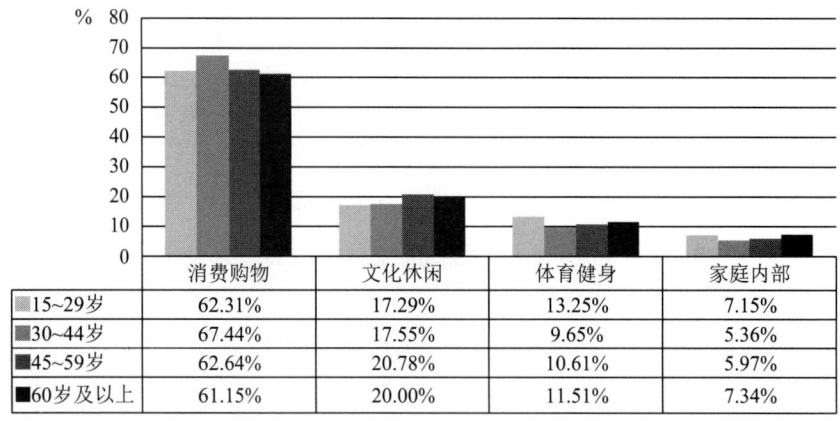

图4-29　2023年不同年龄城镇居民节假日休闲活动对比

由以上数据可知，不同年龄段城镇居民工作日、周末及节假日主要以消费购物休闲活动为主。总体来看，随着年龄增长，选择消费购物休闲活动的城镇居民占比呈现波动下降趋势；选择文化休闲活动的城镇居民占比大体呈现波动增加趋势；选择家庭内部休闲活动的城镇居民占比呈"U"形增加趋势；喜欢体育健身休闲活动的城镇居民占比在不同年龄不同时段比重波动较大。

3.学历：随着文化程度的提高，选择消费购物休闲的城镇居民占比先增加后减少，而选择文化休闲的城镇居民比重不断攀升，体育健身休闲比重受不同时段影响有所波动

图4-30显示了2023年不同学历城镇居民工作日休闲活动内容分配情况，在工作日，随学历水平的提高，从小学到中学选择消费购物休闲活动的城镇居民占比过渡较大，增加了9.9个百分点，同时，家庭内部休闲活动需求越来越少。

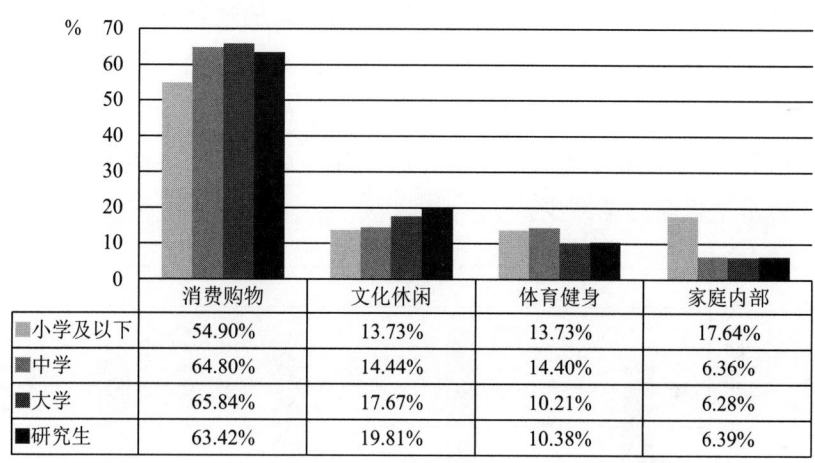

图4-30　2023年不同学历城镇居民工作日休闲活动对比

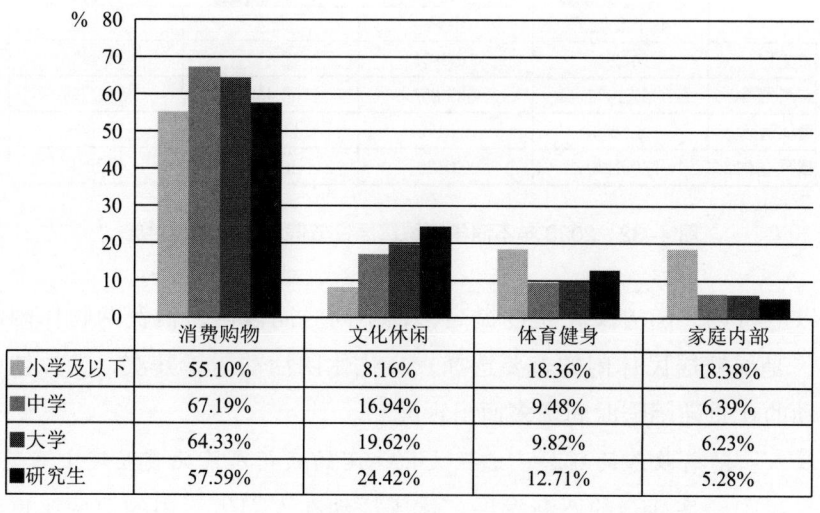

图4-31　2023年不同学历城镇居民周末休闲活动对比

图4-31显示了2023年不同学历城镇居民周末的休闲内容分配情况。在周末，随着学历水平的提高，选择消费购物休闲活动的城镇居民占比先增加后降低，由小学及以下学历水平的55.10%上升到中学学历水平的67.19%，上升明显增加12.09个百分点；选择文化休闲活动的城镇居民占比随学历水平提高呈现上升特征；选择体育健身休闲活动的城镇居民比重随学历水平提高呈现先减后增态势。

图4-32是2023年不同学历城镇居民节假日休闲活动分配情况。在休闲时间最为充裕的节假日，不同学历城镇居民休闲活动的选择存在一定差异。总体来看，城镇居民选择消费购物休闲活动的比重随文化程度的提高仍然呈现先增后减态势，选择文化休闲活动的比重随学历水平提高逐渐增大，选择体育健身休闲活动的比重随文化程度的提高而有所增加，选择家庭内部休闲活动的城镇居民随学历水平提高逐渐减少。

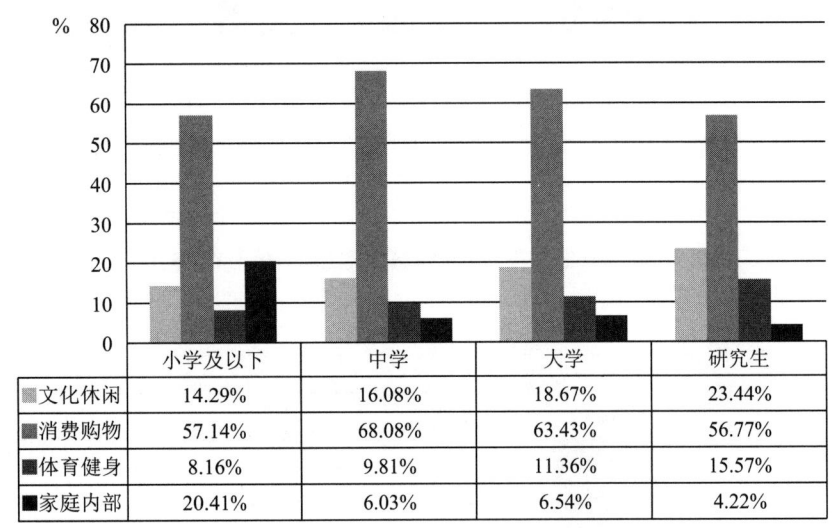

图4-32 2023年不同学历城镇居民节假日休闲活动对比

由以上可知，随着文化程度提高，在不同时间段内，消费购物休闲活动占比最多，是城镇居民休闲的首要选择，文化休闲活动居于其次，选择体育健身休闲活动的比重随闲暇时间增多而出现波动。

4. 收入：随着收入的增加，选择文化休闲的城镇居民比重呈现上涨趋势

随着我国经济社会的不断发展，休闲活动在人们生活中的消费比重越来

大，不同种类的休闲活动所需要支付的费用也各不相同，所以收入水平的差别影响着人们的休闲选择，不同收入水平的人会有不同的休闲活动需求。

由图4-33可知，2023年，消费购物休闲活动的比重随收入的增加呈现减少的趋势，低收入群体所占比重最多，这表明低收入人群偏好消费购物休闲活动。体育健身休闲活动和家庭内部休闲活动随收入的增加不断波动，整体呈现下降趋势。随着收入增加，选择文化休闲活动的城镇居民越来越多。

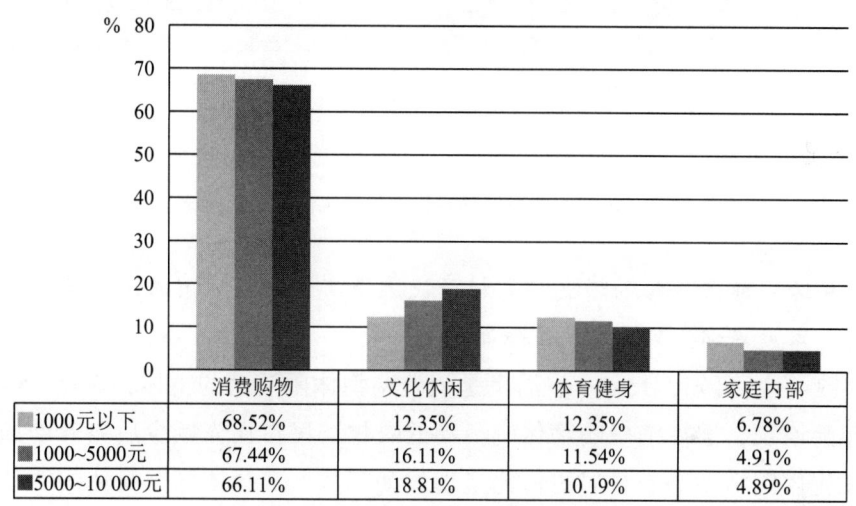

图4-33　2023年不同收入城镇居民休闲活动对比

（三）不同属性农村居民休闲内容特征

在4大类休闲活动中，消费购物休闲活动已成为农村居民日常休闲的主要选择，但具体到单项休闲活动，不同性别、年龄、收入水平的农村居民又存在一定差异性，本报告接下来将分别对不同属性农村居民的休闲内容特征进行分析。

1.性别：男性偏好消费购物休闲，女性偏好家庭内部休闲

由图4-34可知，不同性别的农村居民对休闲活动的选择表现出不同的偏好。男性选择消费购物休闲活动、体育健身休闲活动、文化休闲活动的受访者占比高于女性，分别比女性高出17.27个百分点、1.02个百分点、4.05个百分点，而女性选择家庭内部休闲活动的受访者占比高于男性，高出22.40个百分点。

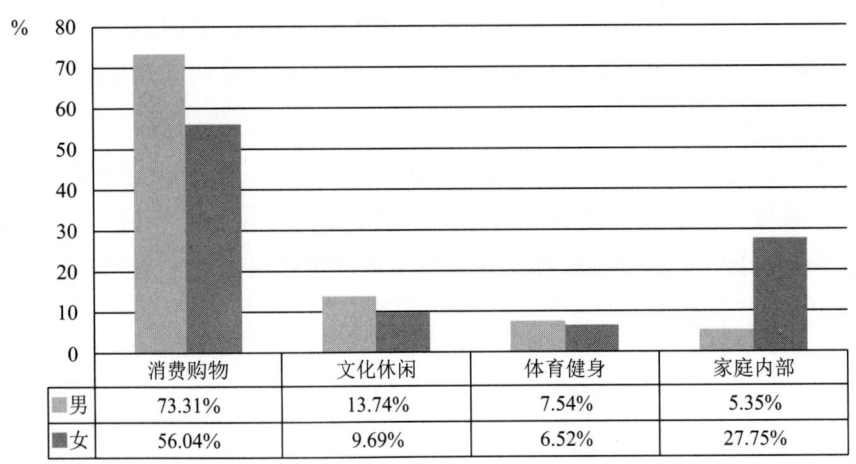

图 4-34　2023 年不同性别农村居民休闲活动对比

2.年龄：随着年龄的增大，农村居民选择消费购物休闲的比重呈现先减后增趋势，家庭内部休闲比重越来越高

由图 4-35 可知，15~29 岁居民是消费购物休闲活动的主体，占比 75.48%，随着年龄增长，选择消费购物休闲活动的农村居民占比先减少后略微增加。而选择文化休闲活动的农村居民占比呈现波动态势。选择体育健身休闲活动的人数占比呈现"U"形上升的变化趋势，45~59 岁、60 岁及以上年龄的农村居民选择家庭内部休闲活动的受访者占比较高，分别为 35.70%、26.01%。

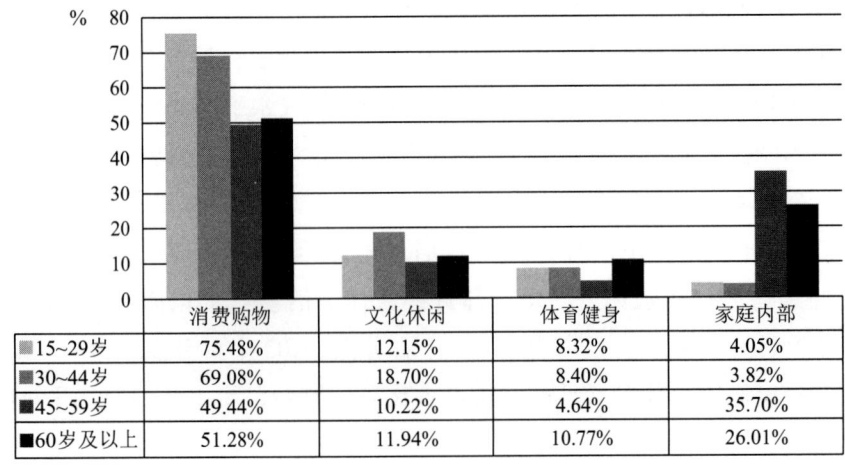

图 4-35　2023 年不同年龄农村居民休闲活动对比

3. 收入：高收入人群偏好选择家庭内部休闲

由图 4-36 可知，随着收入的增加，选择消费购物休闲活动的居民占比呈递减趋势，年均纯收入在 1.5 万元及以下的居民，其消费购物休闲活动需求最为旺盛；选择文化休闲活动的居民占比呈先增后减的趋势；年均纯收入 3 万元以上居民是体育健身休闲活动参与度最低的人群，占比为 4.59%，选择家庭内部休闲活动的居民占比随收入增加而增加。

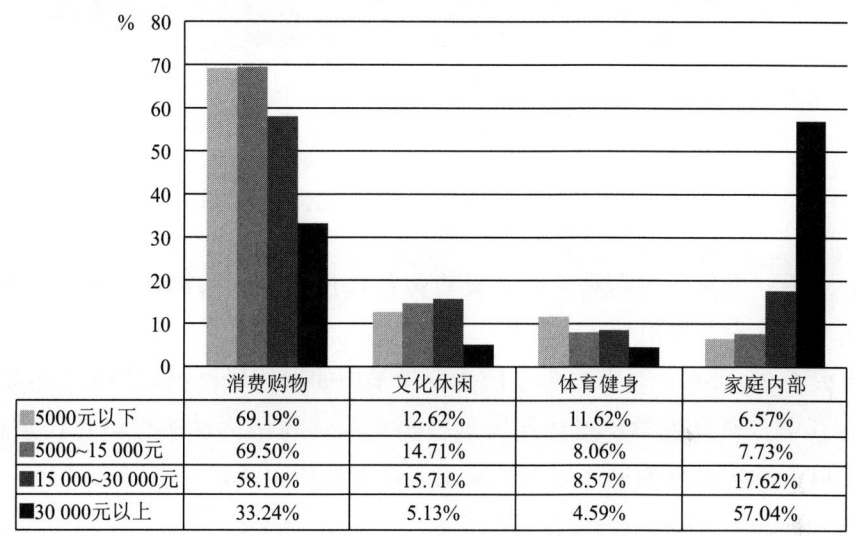

图 4-36　2023 年不同收入农村居民休闲活动对比

（四）不同属性退休居民休闲内容特征

鉴于不同性别、学历、收入退休居民的休闲内容可能存在差异，本报告接下来将分别对不同属性退休居民的休闲内容特征进行分析。

1. 性别：男性偏好于文化休闲，女性主要选择家庭内部休闲、体育健身休闲以及消费购物休闲

由图 4-37 可知，选择文化休闲活动的男性退休居民占比高出女性退休居民 5.96 个百分点，而选择消费购物休闲活动、体育健身休闲活动和家庭内部休闲活动的女性居民占比均高于男性，分别高出 1.32、3.58、1.06 个百分点。

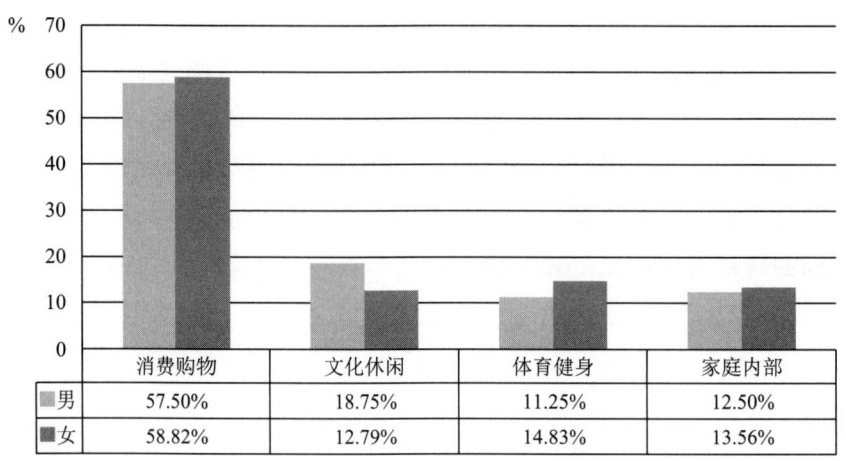

图 4-37　2023 年不同性别退休居民休闲活动对比

2. 学历：中高学历人群青睐消费购物和文化休闲，低学历人群偏好体育健身休闲和家庭内部休闲

由图 4-38 可知，具有中学学历、大学学历的退休居民更偏好消费购物休闲活动，其中，研究生学历退休居民选择消费购物休闲活动的受访者比重最高。小学及以下学历水平的退休居民最喜欢体育健身休闲活动，占比 52.73%，是其他学历人群的 5~6 倍。

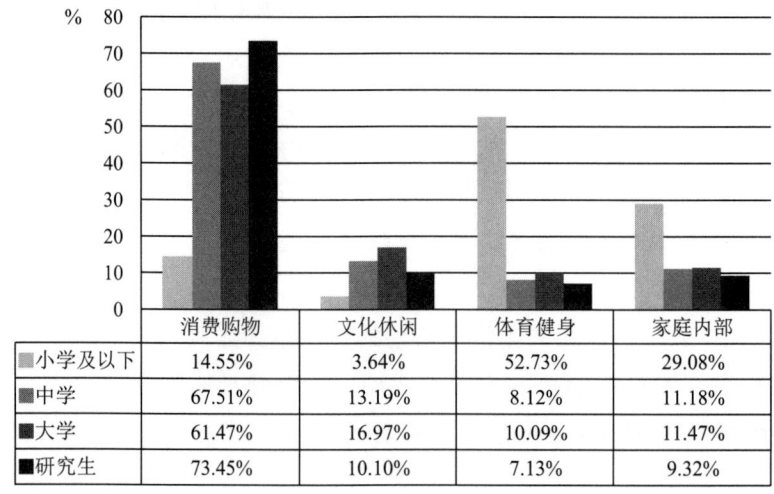

图 4-38　2023 年不同学历退休居民休闲活动对比

四、都在玩儿什么——休闲内容
Part 4 What do people play——Leisure Content

3.收入：高收入退休居民选择体育健身休闲占比明显较高，中等收入退休居民偏好消费购物休闲

由图4-39可知，消费购物休闲活动随着收入的增加呈现先增后减的趋势。而随着收入的增加，选择文化休闲活动的比重逐渐下降，其中月收入1000元以下退休居民占比比月收入1000元以上5000元以下人员占比高出7.63个百分点。选择体育健身休闲活动的退休居民比重随收入上涨增加，而选择家庭内部休闲活动的退休居民占比则随收入增加先减后增，其中，月收入1000元以上5000元以下人员选择家庭内部休闲活动的受访者占比最少，为8.59%，分别比月收入1000元以下和5000元到10 000元的退休居民占比低19.19、8.69个百分点。

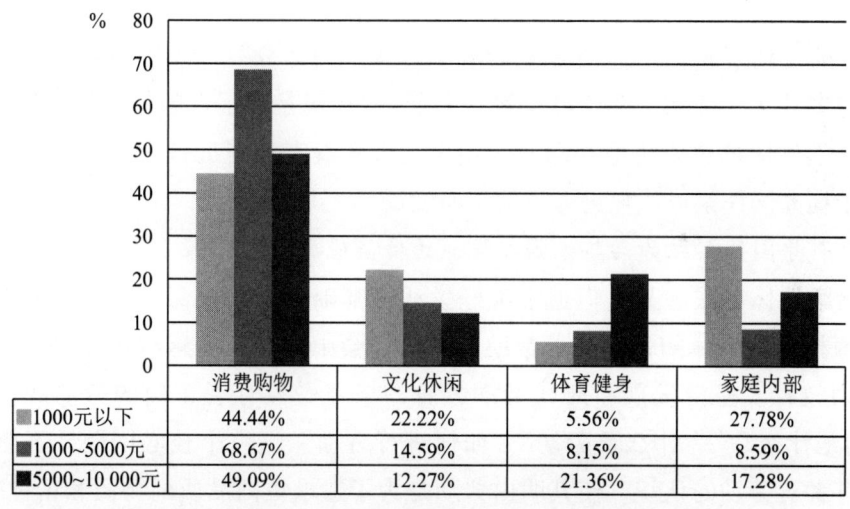

图4-39 2023年不同收入退休居民休闲活动对比

五、为了更高品质的国民休闲

（一）培育全民休闲理念，提高人民生活质量

休闲是美好生活的组成部分，是人们获得感与幸福感的重要源泉。调查结果显示，分别有55.3%、30.9%的居民认为休闲"非常重要""重要"，但仅有30.7%的受访者认为"休闲是生活中不可或缺的部分"，仍有13.4%、5.1%的被调查者认为"休闲不利于社会经济发展""休闲是游手好闲，不务正业"。可见，科学健康的休闲价值观念和休闲生活方式既有利于提高人民生活质量，也有利于提高国民素养，促进人民的全面发展。

1. 引导国民树立劳动与休闲相统一的价值观

健康的休闲观念是人们追求美好生活的基础，通过教育引导人们树立劳动与休闲相统一的休闲价值观可帮助人们在社会中获得归属感与幸福感。一要加强劳动教育。坚持发展新时代劳动教育，培养受教育者正确的劳动观，围绕"劳动是什么""为什么要劳动""如何进行劳动"这三个核心问题，不断深化受教育者对劳动的认识，使其明白劳动是为了追求更高品质的物质和精神生活。二要加强休闲教育。强化人们对休闲内涵及意义的认识，尤其是休闲之于个人幸福感的意义，倡导劳动与休闲相结合的价值取向，将"劳动是休闲得以发生的根本"贯穿劳动教育的始终，鼓励人们在追求更高品质生活的同时崇尚劳动、热爱劳动、辛勤劳动、诚实劳动。三要引导并不断强化劳动与休闲相统一的价值观念。古人云："不妄作劳"，大意是注意平衡生活中的劳动和休闲，劳闲适度方可形神俱在、颐养天年。学校、家庭、社会等各个层面要充分发挥劳动教育和休闲教育的作用，大力宣扬"劳动与休闲都是属于现实中人类实践活动领域的一部分""休闲与工作不是相互对立，而是彼此渗透增益"等观念，引导居民树立休闲与劳动相统一的价值观，并不断进行强化，促使居民在劳动和休闲过程中不断完善自我、成就自我，提升生活质量和生命体验。与此同时，还要

不断加大对国民休假权尤其是带薪年休假权的宣传教育力度，普及相关法律规定，充分唤醒国民的休假权利意识，彻底破除休闲度假是一种"恩赐""恩惠"的落后观念。鼓励人们把身心健康作为个人财富的重要组成部分来看待，摒弃"生活"要让位于"生产"的传统思维，在全社会形成休假权是国民的健康之权、生活之权、幸福之权的共识。

2. 引导国民养成科学健康的休闲生活方式

随着生产力水平的不断提高，人们的休闲时间大幅增长，休闲已经成为人们现代生活不可或缺的组成部分。与此同时，科学技术的迅猛发展也导致了人们的休闲产生了"异化"，损害了人们的健康和幸福感，阻碍了人们生活质量的提高。因此，有必要引导民众养成科学健康的现代休闲生活方式，让休闲真正成为增进人民福祉的活动。第一，宣传以人为本、注重精神和人的全面发展的高雅休闲价值观，倡导积极型、发展型的休闲生活方式。如通过对书法作品、美术绘画、艺术展览、乐器演奏、音乐舞蹈等的鉴赏，拔高审美情趣，建立健康、高雅的生活理念，促进自我完善和发展。第二，摒弃以物为本、骄奢淫逸、仅注重物质财富和物质享乐的低级趣味休闲价值观，遏制消极型、堕落型的休闲生活方式，如拒绝并抵制嗜酒、赌博、抽烟、网络游戏等。第三，大力倡导绿色休闲消费。广泛开展环保知识普及、生态文明宣传教育等活动，提高公众对绿色发展理念的理解与认同，让绿色休闲消费方式成为居民自觉选择。同时，有效发挥《促进绿色消费实施方案》的引领作用，鼓励居民选择更加环保、节能、低碳的休闲产品和服务，推动形成绿色低碳的休闲生活方式。此外，积极引导公众参与到与社会公益、自愿服务等有关的绿色休闲活动中，在公益活动中收获幸福感和成就感。

（二）深化供给侧改革，提升公共服务效能

受访者中分别有56%、29.1%的人表示对整体休闲"非常满意""满意"，而"休闲场所少，到达场所的交通不便利""休闲活动内容不够吸引人""休闲场所环境、服务、安全性等差"分别以19.1%、15.7%、14.9%的占比排在制约国民休闲的因素的第一、第三、第四位。政府在提供公共文化休闲服务与公共体育休闲服务的时候，应充分考虑居民休闲近地化、活动多元化、追求健康化等休闲偏好的变化趋势，满足人民群众日益增长的追求美好生活的需要。

1. 改善休闲场所的布局与建设

一是优化城市休闲场所的布局。以社区为范围，结合"十五分钟便民生活

圈"等项目，提升休闲场所的通达性与便捷性。将市民休闲项目与城市更新相结合，推动文化设施与休闲场所相融合，为市民提供兼具文化艺术与休闲娱乐功能的综合场所，提升公共文化资源的使用效率。注重建设具有特色的休闲场所，如儿童乐园、老年人活动中心、健身健康俱乐部等，满足不同人群对休闲的需求。二是加大对乡村休闲场所的建设力度，实现公共休闲服务均等化。伴随着城市化进程的加快，农村地区休闲场所的建设与改善亟待加强。通过建设更多的健身广场、文化广场等，提供丰富多样的休闲空间，让农民在休闲时充分享受美好的自然环境和社交活动。

2. 丰富休闲供给的内容与形式

一是提供多样化的休闲活动选择。鼓励社团组织开展文化艺术交流活动、户外体育竞赛、亲子互动等，满足市民多层次、多元化的休闲需求。二是加强对传统文化的保护与传承，鼓励开展传统手工艺制作、非物质文化遗产展示等活动，让市民亲身参与、体验和学习，增强对传统文化的认同和热爱。三是鼓励科技类休闲业态创新。推动科技与休闲的结合，如在博物馆、科技馆、图书馆、文化馆等场所开展 VR 体验等活动。休闲活动的创新不仅可以满足市民对新鲜体验的需求，还可以为休闲产业的发展注入新的活力。

3. 提升休闲设施与服务的均等化水平

一是加大休闲设施与项目的建设投入，尤其是加大对欠发达地区和农村地区的支持力度，缩小城乡之间的休闲设施差距。倡导社会资本参与休闲设施建设，促进多种所有制形式的休闲设施共存发展。二是提高休闲设施的质量与效能，加强设施的维护管理，提高服务质量，确保休闲设施的长期可持续使用。三是完善休闲服务机制，提升服务水平。充分尊重居民意见，通过项目投入前期的市场调研，因地制宜开展公共设施的建设与投入。加强对公共休闲服务从业人员的培训与管理，提高服务人员的素质和专业水平，为居民提供更加优质的服务体验。

4. 促进休闲产业的发展与融合

一是推动休闲产业与旅游产业融合高质量发展。休闲产业与旅游产业具有紧密的关联性，应贯彻"主客共享"发展理念推动休闲产业与旅游产业融合高质量发展，打造休闲旅游的综合产品和服务。可以通过开展旅游休闲线路的规划与推广，推动休闲场所与旅游景点的互补与合作，实现资源的共享和利用。二是加大对休闲产业的扶持力度。休闲产业的发展对于提升国民休闲水平、提升国民幸福感具有重要意义，通过优惠政策、税收减免等手段，鼓励和引导社会资本投资休闲产业，推动休闲产业的健康发展。三是加强休闲产业的国际交流与合作。通过举办国际休闲产业展览和论坛，汲取休闲产业发展先进理念与模式，促进企业之间的互相学习与交流，拓宽休闲产业的发展思路和空间。

（三）丰富休闲产品体系，扩大居民休闲消费

从需求端看，国民休闲需求正在释放，国民对体育健身、消费购物、文化体验等休闲活动的供需选择上迎来了新起点。具体表现为，全民健康带动了户外体育休闲产业的发展，大众偏爱体验式、互动式的个性化休闲产品和特色文化休闲产品等。从供给端看，市场并未提供相应的休闲产品。虽然经过20多年的发展，我国已经形成了一批初具规模的基础性的休闲产品。然而，面对疫情后休闲市场的变化，目前我国相对陈旧的休闲游产品体系明显不能满足国民的休闲需求。因此，需要迎合市场需求，在完善产品结构、提升产品内涵等方面进一步深化，构筑丰富完善的休闲产品体系。

1. 优化休闲产品结构，做大做强体育健身休闲产品

全民健康带火了体育健身，同时推动城乡居民体育健身近地化发展，而目前提供的近地化体育健身休闲产品，还无法满足日益扩大的城乡健身群体的需求。因此，要结合健康中国和全民健身国家战略，对标《体育强国建设纲要》《关于推进"十四五"农民体育高质量发展的指导意见》《关于推进体育助力乡村振兴工作的指导意见》等相关文件，促进健康与健身休闲产业融合发展，丰富体育健身休闲产品供给。例如，加强城市绿道、健身步道、自行车道、全民健身中心、体育健身公园、社区文体广场以及足球、冰雪运动等场地设施建设，合理利用城市空置场所、地下空间、公园绿地，有序促进各类体育场地设施向社会开放。紧密结合美丽宜居乡村、运动休闲特色小镇建设，鼓励创建休闲健身区、功能区和田园景区，探索发展乡村健身休闲产业和建设运动休闲特色乡村。另一方面，营造全民健身休闲氛围，扩大体育健身休闲消费。例如，广泛开展群众性体育活动，增强体育消费黏性，丰富节假日体育赛事供给，激发大众体育消费需求。拓展体育健身、体育观赛、体育培训、体育旅游等消费新空间，促进健身休闲、竞赛表演产业发展。

2. 丰富完善产品体系，重点开发体验式休闲产品

疫情后，人们对体验式、互动式的个性化休闲产品更加青睐，尤其是体验经济时代，休闲产品开发更需要关注人们在休闲过程中的交往、交互体验。因

此，在满足国民传统的、日常休闲需要的基础上，应重点发展参与式、体验式休闲产品，尽力满足国民个性化、多元化休闲消费需求，在满足基础需要与照顾个性化、多元化需求两方面实现休闲产品开发的双赢。例如，通过创新创意，积极探索和促进休闲产业与食、住、行、游、购、娱六要素纵向融合，在传统的初级休闲产品的基础上注入体验、娱乐、特色等元素，转化新产品，推陈出新步行街、美食休闲街区、景区景点、商业综合体等；利用新的开发理念和开发模式创造新业态，如结合休闲消费需求，发展自驾旅游休闲、微度假、电竞休闲、邮轮休闲等新的产品业态。总之，要针对休闲市场需要，查漏补缺，形成结构合理、重点突出的多层次协调发展的休闲产品体系。

3. 打造文化休闲精品，着力提升休闲产品的文化内涵

疫情给人们带来了一定的心理创伤，疫情后人们更加关注自己的精神和心理需求。因此，要充分挖掘当地深厚的文化内涵，有效利用地区特色优势文化资源，积极培育特色鲜明的文化休闲产品，打造具有文化特色的休闲品牌。例如，依托地区文化资源全面开发建设主题特色鲜明、产品创意独特、民众乐于参与的文化体验产品，并以此为着力点延伸发展文化创意产业，带动文化消费。

（四）完善制度保障体系，确保国民休闲权利

在国民休闲意识充分觉醒的新时期，完善的制度保障体系对于实现更高品质的国民休闲尤为重要，既要从产业管理体制、市场监管等方面着手，也要在带薪休假时间安排、权利保障等方面发力。

1. 规范休闲产业管理体制，完善产业扶持政策

一要遵循统筹兼顾、因地制宜、有序开发、合理布局的原则，组织开展规划研究，建立健全总体规划，从政策制定主体、制定程序以及政策责任主体等层面提高休闲产业政策的科学性、统一性和协同性。依据现有法律法规及分工，加强跨部门合作，持续完善政策落实监督机制、效果评估、问责和退出机制，着力解决政策难落地和"政策空传"现象等问题，不断提升政策实施效能。二要加大对《关于加快发展健身休闲产业的指导意见》《关于推进避暑休闲产业创新发展的实施意见》《滑雪旅游度假地等级划分》《休闲露营地建设与服务规范》《自驾游管理服务规范》《国家康养旅游示范基地》《温泉旅游服务质量规范》等国家和行业标准的宣传贯彻力度，不断加强标准研制，完善标准体系，引领休闲产品和服务提质升级。同时，鼓励地方和社会团体在国家和行业标准的统领下制定地方和团体标准，并组织实施。三要理顺管理体制，扩大产业扶持。进

一步健全中央和地方休闲发展工作体制机制，完善休闲与其他产业的协同、融合发展体制机制，强化休闲管理部门的行业管理职责，理顺滑雪、露营、康养、温泉等热门行业的管理体制。此外，加大对休闲产业的政策扶持力度。不断完善招商投资、财政补贴、税收优惠等相关政策，形成休闲产业长效稳定的引导机制，推动产业健康、快速和可持续发展。逐步增加休闲公共服务设施建设的资金投入，广泛吸纳社会力量投资介入。全面落实对中小、小微企业的扶持政策，支持中小、小微休闲企业拓展业务，做大做强，帮助搭建融资平台，鼓励休闲企业之间联合发展。

2. 加大休闲市场监管力度，保护休闲者消费权益

其一，进一步完善休闲市场监管工作机制。建立健全以政府部门、行业协会、休闲企业为主导，相关部门积极配合，专家、媒体、公众等广泛参与的休闲市场监督体系，适时举办休闲企业社会评价活动，加大对扰乱休闲市场秩序的企业的媒体曝光强度，强化自查整改频次和力度。其二，不断创新工作方式方法，灵活使用行政监管、行业自治以及游客教育等手段，形成具有地方特色的监管模式。其三，集中开展联合执法整治。加强对文化娱乐、旅游度假、滑雪露营等休闲产业的产品生产、服务质量的抽查力度，联合卫生、环保、交通、公安、市场监管部门，严厉打击欺诈游客、捆绑销售、强买强卖等行为，必要时可加大惩处力度，让休闲供给主体始终为消费者提供高质量的产品和服务。其四，从需求端发力，引导民众积极参与，做良好休闲市场秩序的维护者、参与者和监督者。

3. 优化带薪休假时间存量，允许地方灵活安排放假

我国现行法定年节假日为11天，加上双休日共有115天，接近全年的1/3，在国际上处于中等水平。这与目前我国所处的发展阶段相适应，但也存在一些结构性矛盾，尤其是工薪阶层，在统一休假与自主休假方面存在较大矛盾。因此，有必要从国家发展战略全局高度，对运行已久的节假日制度进行客观评估，在稳定全国统一的既有节假日前提下，兼顾正常的生产、生活节奏和休闲娱乐的需要，进一步优化我国的带薪休假时间存量，鼓励带薪休假与周末、寒暑假等重要消费时段以及奖励旅游、福利旅游等有机结合、灵活"拼假"，把更多的假日选择权，交给广大城乡居民，由民众自主选择休假时间。考虑我国不同地区的季节、气候、环境以及民俗文化等存在较大差异，还应允许有条件的地方和单位根据实际情况，将带薪休假与本地传统节日、地方特色活动相结合，安

排错峰出行。鼓励弹性作息，依法优化调整夏季和冬季作息安排，在充分保障职工休息权的前提下，探索弹性灵活的工作模式，积极为职工周五下午与周末结合外出休闲度假创造条件。

4. 提升执法监督水平，保障劳动者休假权利

尽管我国《劳动法》《职工带薪年休假条例》等有关法律法规对如何落实带薪休假制度作了规定，但一方面，由于缺乏具体的责任追究条款，且有关执法部门对用人单位难以进行有效监督，导致带薪休假制度落实情况一直不容乐观。另一方面，由于违法成本过低，很多企业无视带薪休假制度，致使加班文化盛行。目前，《劳动法》中仅规定了"限期改正""三倍支付报酬"等民事责任与相关负责人的行政责任，难以从根本上解决部分企业漠视带薪休假制度的问题。因此，应尽快出台落实带薪休假的相关细则，并进一步提升劳动监察部门执法监督水平。如加强劳动监察人员执法能力培训，适量增加监察人员数量，完善职工举报通道，提高劳动仲裁效率，注重发挥工会的监督职能，增加对职工休假权益方面的法律援助。同时，适度提高对违法者的行政处罚标准，严格追究不执行带薪年休假制度用人单位的违法责任。推动将带薪休假写入劳动合同，进入劳动集体协商；将企业落实带薪休假制度情况作为企业奖惩、信用、社会责任履行和等级评定的重要考察内容，非特殊情况禁止企业协议取消劳工带薪休假。